AWS로 시작하는
AI 서비스

이노우에 켄이치 저
양성건 역

with
파이썬

YoungJin.com Y.
영진닷컴

AWS로 시작하는 AI 서비스 with 파이썬

TSUKATTE WAKATTA AWS NO AI
MARUGOTOTAMESEBA SHIKAI WA RYOKO SAA PYTHON DE HAJIMEYO!
by Kenichi lnoue
Copyright ⓒ Kenichi lnoue, 2020
All rights reserved.
Original Japanese edition published by Ric Telecom Corporation Korean translation rightⓒ 2021 by
Youngjin.com.
This Korean edition published by arrangement with Ric Telecom Corporation, Tokyo, through
HonnoKizuna, lnc., Tokyo, and Shinwon Agency Co., Seoul

ISBN   978-89-314-6582-2

독자님의 의견을 받습니다.
이 책을 구입한 독자님은 영진닷컴의 가장 중요한 비평가이자 조언가입니다. 저희 책의 장점과 문제점이 무엇인지,
어떤 책이 출판되기를 바라는지, 책을 더욱 알차게 꾸밀 수 있는 아이디어가 있으면 팩스나 이메일, 또는 우편으로
연락주시기 바랍니다. 의견을 주실 때에는 책 제목 및 독자님의 성함과 연락처(전화번호나 이메일)를 꼭 남겨 주시
기 바랍니다. 독자님의 의견에 대해 바로 답변을 드리고, 또 독자님의 의견을 다음 책에 충분히 반영하도록 늘
노력하겠습니다.

이메일 : support@youngjin.com
주 소 : (우)08507 서울특별시 금천구 가산디지털1로 128 STX-V 타워 4층 401호
등 록 : 2007. 4. 27. 제16-4189호

STAFF
저자 이노우에 켄이치 | **번역** 양성건 | **총괄** 김태경 | **진행** 김연희 | **디자인** 인주영 | **편집** 이경숙
영업 박준용, 임용수, 김도현 | **마케팅** 이승희, 김근주, 조민영, 채승희, 김민지, 임해나
제작 황장협 | **인쇄** SJ P&B

저자의 말

여러분 중에는 지금까지 어떠한 형태로든 AWS를 사용했던 경험이 있는 분들이 많으실 것으로 생각합니다. 업무적으로 시스템을 구축할 때 사용하는 것뿐만 아니라 개인적으로 공부를 하기 위해서 사용하는 분들도 많을 것입니다. 저도 클라이언트 기업의 업무 시스템이나 저자의 회사(주식회사 VIVINKO)에서 만들고 있는 IoT 서비스를 제공하기 위하여 EC2나 Lambda라는 AWS에서 제공하는 서비스를 활용하고 있습니다.

저는 2016년부터 2018년에 걸쳐 「초기의 Watson」, 「왓슨으로 체감하는 인공지능」(모두 RIC 텔레콤 발행)이라는 서적을 집필했습니다. 클라우드에서 AI 서비스의 대표주자와도 같은 IBM Watson은 실제로 시스템을 구축하거나 세미나에서 강사의 역할을 수행하는 형태로 많이 접해 왔습니다.

이러한 가운데 IBM Watson과 같이, 클라우드 시장을 견인하고 있는 AWS에는 도대체 어떤 AI 서비스가 있는 것일까? 호기심이 생겼습니다. AWS에는 오래전부터 Amazon Machine Learning이라는 서비스가 있어서 분류나 회귀 모델을 쉽게 만들 수 있었습니다. 다만, '그것 이외의 것과 관련해서는 아직 멀었다'라는 느낌이 제게는 있었습니다.

하지만 최근 몇 년 사이 AWS는 잇달아 다양한 AI 서비스들을 추가했습니다. 이 책은 다른 AI 서비스도 여러 가지 사용했었던 제가 AWS의 AI 서비스에 대해 실제로 사용하면서 직접 조사를 통해 그 결과를 정리한 것입니다. 이 책을 집필하는 동안에도 차례차례 새로운 서비스가 출시되고 있으며 가능하면 새로운 것을 적용하기 위해 고생도 했지만, 그만큼 AI 분야는 기술의 진보가 빠르고 AWS가 최선을 다해 대응하고 있는 것을 알 수 있습니다.

또한 AWS의 모체인 Amazon은 여러분도 아시다시피 세계 제일의 쇼핑 사이트입니다. Amazon 내부에서 다양한 AI가 사용되고 있다는 것은 쉽게 상상할 수 있으며, 내부에서 AI를 통해 도출된 예측이나 개인화(Personalize)라고 얘기되는 AI가 AWS 서비스(이 책 제3장에서 다루는 Amazon Forecast나 Amazon Personalize)로도 제공되고 있습니다.

지금은 AWS의 AI 서비스가 무척 다양하며 전체를 파악하는 것조차도 상당히 어려울 정도가 되었습니다. 그렇기 때문에라도 이 책에서 제시하는 안내에 따라 여러분 자신이 직접 수행을 통해 어떠한 서비스가 제공되고 있는지 확인하는 것이 매우 중요합니다. 집필이나 강사 활동을 한 사람으로서 제안하자면 가장 기본적인 방안은 실제로 사용해 보는 것이라고 생각합니다. 체감을 하여야만 몸에 익숙하게 됩니다. 제가 다양한 서비스를 직접 시도했던 것을 참고하여 꼭 간접적으로라도 경험하시기 바랍니다. 그러한 체험은 분명 즐거운 것이라고 생각합니다.

지금까지 아무렇게 'AI 서비스'라는 말을 사용했는데 이것을 잠깐 설명하겠습니다. AWS에서는 AI와 관련된 서비스를 모아서 'AWS에서의 기계학습'이라고 표시하고 있으며, 'AI 서비스'라는 말은 AI나 기계학습을 깊게 몰라도 간단하게 사용할 수 있는 서비스에 대해서만 사용하고 있는 것 같습니다(이 책 제3장). AWS에서는 이 밖에 기계학습에 대해 일정한 지식이 있는 사람을 대상으로 Amazon SageMaker(제4장)나 AWS Deep Learning AMI(제5장) 서비스를 제공하고 있으며 이들을 'ML 서비스' 등으로 부르고 있습니다. 이 책에서는 여기에 들어 있는 모든 것에 대해 각각 장을 마련하여 다루고 있습니다. 제1장에서는 기계학습이나 딥러닝(Deep learning) 같은 AI를 구성하는 기초적인 기술에 대해 설명하였습니다. 그리고 제2장에서는 AWS에서 기계학습에 관한 서비스나 그것과 깊은 관계가 있는 데이터 수집 · 축적 등과 같은 서비스를 개략적으로 정리하였습니다. 제3장 이후부터 실제로 조작을 하며 이전 장을 되돌아보며 학습한다면 보다 잘 이해할 수 있을 것이라고 생각합니다.

이 책의 목적은 AI와 관련해서 AWS가 어떠한 서비스를 제공하고 있는지, 그 전체 모습을 간략하게 파악하는 것입니다. 그러기 위해서 서비스를 실제로 사용해 보고 무엇을 할 수 있는지, 어떻게 진행하면 좋은지 실제로 체감해 봅시다. 그렇게 한다면 시간을 절약하여 적절한 서비스를 선택하고 구축을 시작할 수 있게 됩니다. 실제 구축 작업을 할 때는 별도로 AWS 레퍼런스 등을 참조해야 하는 경우도 있을 수 있습니다. 그러나, 이 책을 통해 체험을 하게 된다면, 레퍼런스 사이트를 능숙하게 다루면서 구축 작업을 진행할 수 있습니다.

마지막으로, 이 책과 관련한 주의 사항을 알려드립니다. 반복해서 말씀드리지만, 제3장 이후부터는 실제로 조작해 봐야 하며 이때 Python에 대한 기본적인 지식이 필요합니다. 당연히 컴퓨터도 필요합니다. Python을 실행하는 환경은 Windows 또는 macOS에서 구축할 수 있기 때문에, Windows나 macOS 둘 중에 어느 하나의 OS가 작동하는 PC라면 기본적으로는 문제없을 것입니다(Linux로도 구축할 수 있지만, 이 책에서는 Linux에서의 환경 구축에 대해서는 설명하고 있지 않습니다). 덧붙여 PC상에 Python과 Jupyter Notebook 구동 환경을 구축할 때 Anaconda라는 통합 환경을 인스톨하기 때문에 그것들이 동작하는데 필요한 정도의 성능이 요구됩니다. 특히 Anaconda는 5~6GB 정도의 디스크 용량을 소비하므로 유의하시기 바랍니다.

그럼, 이 책과 컴퓨터를 나란히 준비해 놓고 바로 시작합시다!

저자 이노우에 켄이치(井上研一)

목차

소스 코드 다운로드 방법

소스 코드는 이 책의 지원 페이지에서 배포하고 있습니다. 영진닷컴 홈페이지에 접속해 'AWS로 시작하는 AI 서비스 with 파이썬'을 입력하고 검색한 후❶ [부록CD다운로드] 버튼을 클릭합니다❷. 다운로드 화면에서 [CD1.zip]을 클릭하여 다운로드받으면 됩니다.

다운로드 https://www.youngjin.com/reader/pds/pds.asp

- 이 책에서 제공되는 정보는 집필 시점 기준입니다. 이 책에 기재된 내용은 향후 예고 없이 변경될 수 있습니다. 또한, 이 책에서 소개하고 있는 서비스나 소프트웨어 버전 업그레이드 등의 사유로 인하여 화면 구성이나 조작 순서 등에 변경이 발생함에 따라 이 책에서 설명하는 내용과 일치하지 않는 부분이 생길 수 있음을 알려드립니다.

- 이 책에 기술된 내용은 필자의 견해에 근거하고 있으므로 Amazon Web Services, Inc. 및 그것과 관련된 회사와 아무런 관계가 없습니다. 이 책에 기재된 내용에 근거하여 행해진 작업이나 그 성과물이 가져오는 영향에 대해서 이 책의 저자, 발행인, 출판사 그 외 어떠한 관계자도 아무런 책임을 지지 않음을 알려드립니다.

- 이 책에 기재되어 있는 회사명, 제품명, 서비스명 등은 일반적으로 각 회사의 상표 또는 등록상표이며 특히, 그 취지와 관련한 별도의 명기가 없더라도 이 책은 충분히 이러한 것들을 존중하고 있습니다. 덧붙여 본문 중에서는, TM, ® 마크 등은 명기하고 있지 않습니다.

제1장

인공지능이란 무엇인가?

AWS의 기계학습 서비스를 사용하기 전에 미리 인공지능(AI)이란 무엇인지 인공지능과 기계학습은 어떤 관계가 있는지 알아봅시다.

일반적인 프로그래밍과 기계학습의 차이점에 대해 알아두는 것도 중요합니다. 기계학습과 딥러닝(Deep Learning)의 기본적인 내용에 대해서도 설명하였으니, 제3장 이후 실제 기계학습 서비스를 사용해 본 다음에 다시 본 장을 보는 것도 좋습니다.

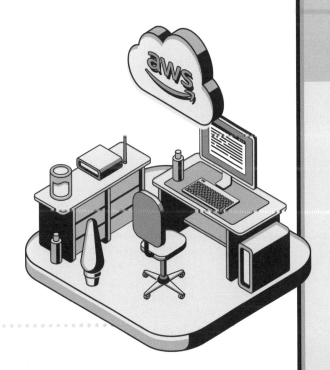

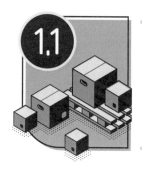

3차 인공지능 붐

1.1.1 3차 인공지능 붐이란?

인공지능(AI:Artificial Intelligence) 붐(Boom)이 시작된 후 몇 년이나 지났을까요? 자세한 내용은 뒤에서 기술하겠지만, 현재의 인공지능 붐은 '제3차 인공지능 붐'이라고 합니다. 그 시작점을 어디서부터 할 것인지 명확하지는 않지만, 예를 들면 딥러닝이 등장해 이미지를 인식하는 정도(이미지에 무엇이 찍혀 있는지 맞힐 수 있는 비율)가 인간을 넘어선 것이 2015년, Google 그룹 회사인 DeepMind社가 'AlphaGo(알파고)'로 바둑 Top 기사(棋士)에게 승리한 것이 2016년입니다. 한편으로 IBM의 Watson이 'Jeopardy!'라는 미국의 유명한 퀴즈 프로그램에 등장해 인간 챔피언에게 승리한 것이 2011년이므로 현재의 인공지능 붐은 더 일찍부터 시작되었다는 견해도 있을 수 있을 것입니다. 붐의 시작점을 어디로 하느냐를 떠나서 AlphaGo가 승리를 거두면서 인공지능이 더욱 큰 주목을 받게 되었음은 틀림없는 사실입니다.

인공지능을 활용하는 영역은 매우 넓은데 몇 가지 예를 들면 수상한 사람 색출, 자동차 자율주행, 그림 등의 작품 창작을 얘기할 수 있습니다. 또한, Watson이 특수한 백혈병에 효과가 있는 약을 발견한 것도 있습니다. 게다가 Amazon의 'Echo', 'Echo Dot', 'Echo Show'를 시작으로 스마트 스피커는 인간이 걸어오는 말의 내용을 이해하여 가전 제품을 조작하거나 온라인으로 구입한 상품의 배송 정보를 확인하는 등 다양한 일을 할 수 있습니다. 스마트 스피커는 Amazon뿐만 아니라 Google, Apple, LINE 등에서도 출시되고 있습니다.

자율주행이나 약(藥)[1]을 발견하는 것이나, 스마트 스피커 등은 기존의 IT가 아니라 인공지능이기 때문에 가능한 일이라고 할 수 있습니다.

---

1 Watson은 신약을 개발한 것이 아니라 특수한 백혈병에 효과가 있다고 여겨지는 약에 대한 논문을 발견한 것입니다. 논문의 숫자는 방대하여 한 사람이 모든 것을 다 읽기 어렵기 때문에 Watson의 존재 가치가 있었던 것입니다.

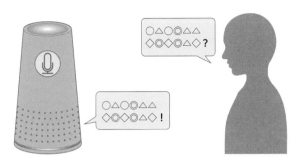

그림 1-1-1 스마트 스피커

1.1.2 인공지능이란 무엇인가?

인공지능이란 무엇일까요? 이 물음에 답하기는 너무 어렵습니다. '인공지능을 연구하는 사람들이 인공지능을 어떻게 파악하고 있는가?', '설명하고 있는가?'하는 것만 봐도 사람마다 다를 수밖에 없다는 것을 알 수 있습니다. '인공지능이란 무엇인가?' 뿐만이 아니라 '인공지능을 어떻게 만드는가?', '원래 지능이란 무엇인가?' 등 질문이 질문을 불러오기 때문에 좀처럼 답을 찾아낼수 없는 것이 아닌가 생각됩니다.

방금 전 현재의 인공지능 붐은 제3차 즉, 세 번째 붐이라고 했습니다. '인공지능'에 대한 정의가 정해져 있다면 제1차, 제2차라고 불리는 과거 두 번의 붐과 공통되는 테마가 있을 것입니다. 그것은 도대체 무엇일까요?

1.1.3 1차 인공지능 붐

1차 인공지능 붐은 1950년대에 시작되었습니다. 1956년 미국에서 개최된 다트머스 회의(Dartmouth Conference)에서 'AI(Artificial Intelligence)'라는 말이 생겼다고 합니다. 참고로 여명기 컴퓨터의 대표격인 ENIAC[2]이 등장한 것이 1946년이니 불과 10년 후에 인공지능 붐이 이루어진 것을 보면 컴퓨터의 역사와 인공지능의 역사는 같은 길을 걷고 있는 것이 아닐까 생각됩니다.

---

2 ENIAC(Electronic Numerical Integrator and Computer, 에니악)은 미국에서 개발되었습니다. 1946년 2월 14일에 완성되어 다음날부터 탄도 계산 등의 용도로 사용되기 시작했습니다.

그림 1-1-2[3] ENIAC

    1차 붐과 관련된 인공지능은 '탐색'과 '추론'이었습니다. 탐색은 말하자면 있는 힘을 다해 미로를 푸는 기술입니다. 미로를 풀기 위해서는 통과할 수 있는 모든 루트를 이 잡듯이 시험해 봐야만[4] 합니다. 그렇게 하면 머지않아 목표(Goal)에 도착하게 됩니다. 실제로 탐색[5]은 보다 현명한 방법을 택하게 되지만 기본적으로 컴퓨터는 단순한 일을 고속으로 계속하는 것이 가장 큰 특기이므로 탐색은 그것을 살린 기술이라고 할 수 있습니다. 한편 추론은 예를 들어, '모든 인간은 죽는다'는 대전제와 '소크라테스는 인간이다'라는 소전제에서 '소크라테스는 죽는다'라는 결론을 얻는 것으로, 이는 수학적으로 풀 수 있습니다. 이쪽 방면도 역시 컴퓨터의 장점을 그대로 살린 기술이라고 할 수 있습니다. 즉, 탐색이든 추론이든 컴퓨터가 원래부터 자신 있어 하는 영역에서 힘을 발휘했던 것뿐이라고도 할 수 있는데 그것이 당시의 인공지능이었던 것입니다. 그러나 탐색도 추론도 지금은 컴퓨터 과학의 기초로써 다루어지고 있고 이것들을 인공지능이라고 부르는 사람은 없습니다.

---

3 Wikipedia Commons (https://commons.wikimedia.org/wiki/File:Eniac.jpg)

4 이것을 빈틈없는 탐색이나, 전력을 다하는 탐색이라고 부르는 경우도 있습니다.

5 빈틈없는 탐색은 미로의 모든 루트(이를 탐색 공간이라 한다)에서 해답을 찾아내는데, 이때 탐색 공간의 구조에 관한 지식을 활용하여 탐색에 걸리는 시간을 단축할 수 있습니다.

1.1.4 제2차 인공지능 붐

제2차 인공지능 붐은 1980년대에 일어났습니다. 1차 붐으로부터 약 30년 후, 현재의 제3차 붐으로부터 약 30년 전이라는 점에서 인공지능 붐에 주기(Cycle)가 있는 것 같이 느껴집니다.

제2차 붐은 전문가 시스템(Expert System)이나 제5세대 컴퓨터가 발단이라고 할 수 있을 것입니다. 제1차 붐에서는 실제 비즈니스에 이용한다는 관점이 부족했기 때문에 제2차 붐에서는 실용적인 것으로의 진행이 요구되었습니다. 전문가 시스템의 사례로 전염병 환자에게 약을 처방하는 마이신(Mycin)이나 주택융자 심사 등을 들 수 있습니다.

당시 인공지능이 복잡한 일들을 처리하기 위해서는 If Then ~ (만약 ~ 이라면 ~ 한다) 형태로 인간이 미리 지식을 잘 정리해서 인공지능을 가르쳐야 했습니다. 그것이 전문가 시스템에서는 매우 힘들었기 때문에 제2차 붐은 종말을 맞이하게 되었습니다.

제5세대 컴퓨터도 훌륭한 성과가 있었다고 생각되지는 않지만, 자연어 관련 기술이 진행된 것은 틀림없습니다. 자연어 처리는 지금도 인공지능 연구의 중요한 분야이지만 그 원류는 이때 즈음이라고 할 수 있습니다.

COLUMN 딥러닝의 흐름

요즘 '딥러닝(Deep Learning)'이라는 단어를 보고 듣게 되는 경우가 많아졌습니다. 주로 이미지 인식 분야에서 사용되고 있는 딥러닝은 인간의 두뇌에 있는 뉴런의 구조를 활용한 기술로, 지금 가장 주목받고 있는 기술이라고 해도 과언이 아닐 것입니다. 그러나 딥러닝 연구는 이번 제3차 붐에서 시작된 것은 아닙니다.

조금 전 설명했던 제1차 붐 때에는 이미 '퍼셉트론(Perceptron)'이라는 인공 뉴런을 활용한 기초적인 기술이 있었습니다. 제2차 붐에서는 더욱 발전하여 현재의 딥러닝을 통한 이미지 인식 기술과 유사한 '네오코그니트론(Neocognitron)'이라는 이론이 발표되었습니다. 그러나 이 이론을 본격적으로 활용하기 위해 필요한 컴퓨터의 성능이나 방대한 '학습 데이터(후술)'가 나오기까지 제3차 붐을 기다려야만 했습니다.

1.1.5 인공지능이란 약간 앞서나간 IT

이렇게 제1차, 제2차 인공지능 붐을 돌아보았을 때 인공지능의 역사는 컴퓨터의 역사가 아닌가 싶습니다. 그렇게 생각하면 인공지능은 그 시대에 맞춘 '약간 앞서 나간 IT'라고 할 수 있는 것은 아닐까요? 적어도 필자는 그렇게 알고 있습니다. 틀림없이 제3차 붐으로 인기가 높아지고 있는 이미지 인식이나 자연어 이해는 수년 후에는 당연한 기술이 되어 있을 것입니다. 그 무렵, 제4차나 제5차 붐이 있을지는 모르겠지만 보다 앞서 나간 기술을 가리켜 '인공지능'이라고 부르고 있는 것은 아닐까 생각합니다.

이 책에서 지금부터 설명하는 Amazon Web Services(AWS)에서는, 제공하는 서비스를 소개하면서 인공지능이라는 단어를 별로 사용하지 않습니다. AWS에서는 기계학습을 수행하는 환경으로 Amazon SageMaker를 제공하기도 하고 음성 인식이나 자연어 인식과 같은 인공지능을 활용한 기능을 AI 서비스(Amazon AI)로 제공하고 있습니다. AWS에서 기계학습이나 딥러닝과 같은 기술이 인공지능이라는 단어로 불리지는 않지만 중요한 서비스로써 계속 제공되고 있는 것은 틀림없는 사실입니다.

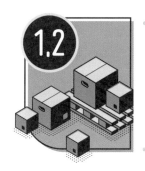

1.2 기계학습

1.2.1 기계학습이란 무엇인가?

앞장에서 말한 것처럼 인공지능이 그 시대의 '약간 앞서 나간 IT'라고 한다면, 이 책의 집필 시점에서 그 기술은 도대체 무엇일까요? 그것은 제3차 인공지능 붐의 열쇠를 쥐고 있는 기술인 '기계학습'과 '딥러닝'이라고 해도 무방할 것 같습니다. 제3장에서 자세하게 설명하겠지만 Amazon AI를 사용하면 이미지에 무엇이 그려졌는지 또는, 얼굴이 그려진 이미지로부터 그 표정이 웃는 얼굴인지 아닌지 등의 인식 결과를 얻을 수 있습니다.

어떻게 이런 일을 할 수 있을까요? 그것은 AWS가 방대한 분량의 이미지를 사용하여 '이 이미지에는 고양이가 나타나 있다'라든지 '이 얼굴 표정은 웃는 얼굴이다'라는 식으로 이미지에 무엇이 나타나 있는지를 컴퓨터에게 인식시키기 위해서 미리 컴퓨터(기계)를 학습시키고 있기 때문입니다. 컴퓨터는 스스로 고양이 또는 웃는 얼굴이 찍혀 있는 이미지로부터 공통점을 찾아냅니다. 이렇게 컴퓨터가 인간이 준 교재(데이터)를 이용해 스스로 학습하기 때문에 기계학습이라 불리고 있습니다.

대부분 기계학습에는 방대한 양의 데이터와 굉장한 고성능 컴퓨터가 필요합니다. 이미지 데이터는 인터넷상에도 많이 존재하지만, 그러한 이미지를 하나하나 컴퓨터에 인식시키고 싶은(예를 들면 '고양이'나 '웃는 얼굴'과 같은) 대답(이것을 '교사 데이터'라고 합니다)을 컴퓨터에게 알려주는 것은 굉장히 힘이 드는 일입니다. 하지만 Amazon AI에서는 미리 기계학습이 이루어지고 있기 때문에 이용자가 데이터 준비나 기계학습을 수행할 필요는 없습니다.

프로그래머들이 기계학습을 사용하기 위한 방법으로 가장 친숙한 것은 여기서 소개한 Amazon AI 외에 IBM의 Watson, Microsoft의 Azure Cognitive Services 같은 클라우드의 AI 서비스를 활용하는 방법입니다. 이러한 서비스를 사용하면 기계학습된 성과를 활용하는 것만으로 자신의 프로그램이나 앱(App)에 인공지능 기능을 탑재할 수 있습니다.

그런데 스스로 준비한 데이터를 사용하여 독특한 인식을 할 수는 없는 것일까요? AI 서비스의 일종인 이미지 인식 서비스에서는(Amazon AI에서는 Amazon Rekognition이라는 이름으로 제공됩니다) 개나 고양이와 같은 일반적인 사물(개나 고양이는 물건이 아니지만)의 인식은 가능합니다. 그러나 예를 들어, 기업 내부의 정보시스템에서 해당 기업의 독자적인 제품이나 특수한 부품, 상태(품질상의 문제나 불량, 철탑에 부착된 녹의 상황 등)를 이미지로 인식시킬 수는 없습니다. 그러한 요건에 대응하기 위해서는 기업이 스스로 데이터를 준비하고 기계학습을 실시할 필요가 있습니다. 이와 같이 독특한 인식을 하도록 유도하기 위한 기능 및 서비스로써 이미지 인식을 하는 Amazon Rekognition의 커스텀 라벨 기능과 Amazon SageMaker, Amazon EC2(Elastic Compute Cloud)[6]의 AWS Deep Learning AMI(Amazon Machine Image)[7] 등이 제공되고 있습니다.

 COLUMN **AWS 외 기계학습 서비스**

클라우드에서 AI 서비스는 AWS 외 다른 기업에서도 제공하고 있습니다. 예를 들면 IBM의 Watson과 Watson Machine Learning, Microsoft의 Azure Cognitive Services 및 Azure Machine Learning 외에 Google이나 후지쯔(富士通) 등의 서비스를 들 수 있습니다. 그 안에는 Watson의 Visual Recognition(이미지 인식 서비스)과 같이 커스텀 모델을 간단하게 작성할 수 있는 서비스도 있습니다.

1.2.2 기계학습의 구조

기계학습의 구조를 좀 더 자세히 살펴보겠습니다. 이미지를 인식하는 Amazon Rekognition 이나 텍스트를 음성으로 바꾸는 Amazon Polly를 사용해서 자신의 데이터를 인식시킬 수만 있다면 기계학습의 구조에 대해서 크게 의식할 필요는 없습니다. 하지만 커스텀 모델(Custom model)을 만들기 위해서 Amazon SageMaker나 AWS Deep Learning AMI를 사용해야 한다면 미리 알아두는 것이 좋습니다. 이 책에서는 제4장과 제5장에서 이러한 내용을 다루고 있으므로 그때에 본 항을 재차 읽어도 좋습니다.

---

6 Amazon EC2는 AWS에서 제공되는 가상 서버 관련 서비스입니다.

7 AWS Deep Learning AMI는 Amazon EC2 자신의 가상서버상에 Deep Learning을 하기 위한 환경을 손쉽게 구축할 수 있는 서비스입니다.

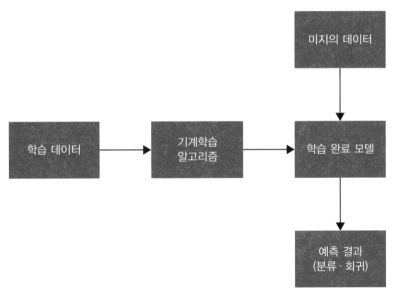

그림 1-2-1 기계학습의 구조

기계학습을 간단히 그려보면 그림 1-2-1과 같습니다. 기계학습에서는 학습 데이터를 바탕으로 다양한 알고리즘을 이용해 컴퓨터(기계)에 학습을 실시하게 합니다. 학습하기 위한 알고리즘은 우리가 미리 만들어 두어야 합니다. 이때 만들어진 알고리즘을 '모델'이라고 합니다.

작성된 모델은 그 상태 그대로는 실용적으로 작용하지 않기 때문에 학습 데이터를 이용하여 모델을 훈련해야 합니다. 훈련이 완료된 모델을 '학습이 끝난 모델'이라고 합니다.

예를 들어, 어떤 이미지에 개가 찍혀 있는 것을 인식하는 모델을 만들고 싶다면 이미지 인식에 적합한 알고리즘을 사용하여 모델을 만듭니다. 다음은 미리 준비해 둔 학습 데이터(예를 들어 개나 그 이외의 동물 등이 찍힌 이미지 데이터)를 이용하여 모델에 대한 학습을 실시합니다. 학습 데이터는 일반적으로 수천에서 수만 장에 해당하는 대량의 이미지와 해당 이미지가 무엇인지 나타내는 라벨(교사 데이터)입니다. 이러한 대량의 훈련 데이터를 사용하여 개의 이미지에서 공통되는 특징 등을 발견하고 모델의 다양한 파라미터를 조정하여 훈련이 끝난 모델을 만들어 냅니다. 이 일련의 작업을 '학습 단계(Training Phase)'라고 합니다.

학습이 끝난 모델은 학습 데이터가 적절하면 그에 상응하는 결과를 반환하게 됩니다. 예를 들어 개의 이미지를 주면 개가 찍혀 있다는 결과(라벨)를 돌려주는 것입니다. 이것을 학습 단계에 대해서 '추론 단계(Inference Phase)'라고 합니다. 정확도 높은(학습이 끝난) 모델은 금방 만들어질 수 없기 때문에 알고리즘을 재검토하거나 학습 데이터를 늘리는 등 연구를 거듭하여 서서히 정확도가 높은 모델로 완성해 나갈 필요가 있습니다.

제3장에서 설명하는 Amazon Rekognition이라는 이미지 인식을 위한 AI 서비스에서는 API로 이미지 데이터를 입력하면 그 이미지에 개가 나타나 있다는 결과를 출력합니다(그림 1-2-2). 게다가 꽤 높은 정확도로 올바르게 응답해 줍니다. 뛰어난 알고리즘과 방대한 데이터를 이용한 훈련이 끝난 모델이 AWS상에서 서비스로 제공되고 있기 때문입니다. Amazon AI 서비스는 이런 훈련이 끝난 모델을 제공하기 때문에 원칙적으로 우리가 알고리즘을 생각하거나 학습 데이터를 준비할 필요는 없습니다.

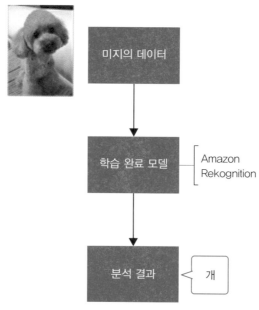

그림 1-2-2 학습 완료 모델의 활용

1.2.3 기계학습과 프로그래밍

기존의 프로그래밍과 기계학습이 어떻게 다른지 궁금할 것입니다. 그 차이는 문제(예를 들어 어떤 이미지에 개가 찍혀 있다고 판정하는 것)의 해법을 누가 만들어 내는가 하는 점입니다. 이전의 프로그래밍에서는 인간 자신이 해법을 생각하고 프로그래밍 언어를 사용하여 프로그램을 작성합니다. 반면, 기계학습에서는 컴퓨터가 알고리즘과 학습 데이터를 이용해 학습하고 해법을 도출해 냅니다. 많은 경우 기계학습을 할 때도 프로그래밍이 필요한데, 기계학습을 통해서 모델을 구현하거나 학습 데이터로 학습 단계를 수행하기 위해서 사용되고 있습니다. 또한 학습이 끝난 모델을 활용(추론)할 때에도 프로그래밍은 필요합니다.

1.2.4 기계학습으로 무엇을 할 수 있을까?

지금까지 '기계학습이란 무엇인가?'에 대해 설명했습니다. 이번에는 기계학습으로 무엇을 할 수 있는지에 대해서 설명하겠습니다.

기계학습으로 할 수 있는 것 중 하나는 '분류(Classification)'입니다. AWS의 AI 서비스에서 제공되는 이미지나 음성, 자연어 등에 대한 인식은 이 분류 기법을 통해 실현되고 있습니다. 인식이란 어떤 현상을 자신이 알고 있는 사항 중 가장 가까운 것으로 분류하는 것입니다. 예를 들면 이미지 인식에 대해서는, 컴퓨터의 이미지는 화소(Pixel)마다 색 정보로써 수치화되므로 그 수치 데이터로부터 얻을 수 있는 특징과 무엇이 찍혀 있는지에 대한 정보(교사 데이터)를 결합시켜 학습하면 분류할 수 있게 됩니다. 마찬가지로 음성은 파형으로 표현하고 수치화할 수 있으며 자연어 텍스트는 단어마다 수치 라벨을 붙이는 등 수치화합니다. 취급하는 데이터가 무엇이든 수치 데이터로 변환할 수 있으면 분류를 하기 위한 모델을 작성할 수 있습니다.

다른 하나는 '회귀(Regression)'입니다. 활용 예시로 매출 및 기계 소모품 교환 시기 예측을 들 수 있습니다. 회귀에서는 매출이나 소모품의 소비량에 관계할 것 같은 데이터와 과거의 실적 값으로부터 모델을 만듭니다. 회귀도 분류와 마찬가지로 수치화된 데이터를 바탕으로 결과를 반환합니다. 단, 분류에서는 개인지 고양이인지 등 미리 정의되어 있는 사항 중에서 어디에 가장 해당하는지 결과를 반환하는데 반해, 회귀에서는 매출로 예상될 수 있는 수치 자체를 반환하는 차이가 있습니다.

Amazon AI를 비롯한 AWS의 기계학습에 관한 서비스를 잘 다루려면 분류와 회귀의 차이를 제대로 이해하는 것이 중요합니다.

1.2.5 기계학습은 틀릴 수 있다

기계학습을 사용하면 학습 데이터를 준비하고 분류 및 회귀를 하는 모델을 만들 수 있는데, 주의할 점이 하나 있습니다. 기계학습에 의해 모델이 도출하는 분류나 회귀는 잘못된 결과를 반환하는 경우도 있다는 것입니다. 앞에서 서술한 것처럼 이른바 프로그래밍에서는 인간이 문제(요건)에 대한 해법을 생각하고 프로그램을 만듭니다. 컴퓨터는 프로그램에 적혀 있는 대로 처리하기 때문에 해법 자체가 잘못되지 않으면 잘못된 결과를 낼 일은 없습니다. 해법이 잘못된 경우는 설계상의 버그이며 또한, 해법대로 프로그래밍되어 있지 않으면 프로그램상의 버그로 보완의 대상이 됩니다. 즉, 컴퓨터 프로그램에서 잘못된 결과는 버그이며 보완하면 틀리지 않게 되는 것입니다.

반면에 기계학습 모델에서는 개 사진을 고양이로 분류하는 것과 같은 오류가 발생해도 그것은 버그가 아닙니다. 단지 분류나 회귀의 정확도가 낮을 뿐입니다. 물론 정확도를 높이기 위해서 학습 데이터의 양이나 질을 개선하거나 기계학습 알고리즘을 수정할 수는 있지만 절대 틀리지 않는 모델을 만들 수는 없습니다.

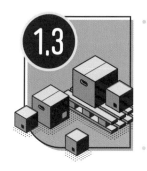

1.3 기계학습의 대표적인 기법

1.3.1 선형회귀

기계학습의 대표적인 기법으로는 선형회귀를 들 수 있습니다. 선형회귀는 매출 금액 등 수치를 예측하기 위한 방법입니다. 어떤 변수 x가 커지면 다른 변수 y가 커(또는 작아)진다고 하는 관계를 활용하여 모델을 만듭니다. 여기서 어떤 변수 x를 설명 변수(또는 독립 변수), 설명 변수의 변화에 따라서 값이 변화하는 변수 y를 목적 변수(또는 종속 변수)라고 합니다.

그림 1-3-1의 그래프를 보세요.

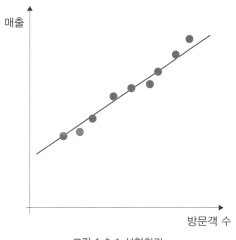

그림 1-3-1 선형회귀

이 그림에서는 일 단위 방문객 수와 매출의 관계를 점으로 나타내고(Plot) 있습니다. 선형회귀로 모델을 만들면 흩어진 점의 정확히 중간쯤에 직선을 그릴 수 있습니다. 이 직선은 점점 올리가며, 방문객 수기 많을수록 매출이 키지는 것을 의미하고 있습니다. 아까 얘기했던 용어로 설명한다면 방문객 수가 설명 변수, 매출이 목적 변수입니다.

이러한 직선은 y = ax + b와 같은 식으로 나타낼 수 있습니다. 여기서 a는 직선의 기울기, b는 절편을 나타냅니다. 기계학습에서는 $y = w_0 + w_1x$와 같은 수식으로 보여주는 경우가 많기 때문에 여기서도 그렇게 하겠습니다. w_0은 절편 b와 같고 w_1은 기울기 a와 같은 것을 나타냅니다. w_1을 가중치(Weight)라고도 합니다. 이 가중치와 절편의 값을 요구하는 것이 기계학습에 있어서 학습 단계 내용입니다. 즉, $y = w_0 + w_1x$가 선형회귀라는 알고리즘을 이용한 모델로 학습 데이터를 이용해 가중치(Weight) w_1과 절편 w_0의 값을 구한 것이 훈련이 끝난 모델입니다. 그럼 구체적으로 어떻게 구하게 되는 것일까요?

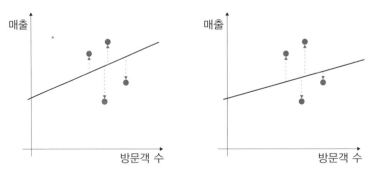

그림 1-3-2 선형회귀에 의한 학습

이 좌우의 그림에서 점이 나타나게(Plot) 되는 위치는 같지만 직선의 위치가 다릅니다. 직선의 위치가 다르다는 것은 가중치와 절편의 값이 다르다는 것을 의미합니다. 왼쪽 그림의 직선은 오른쪽 그림과 비교하면 점과의 거리가 균등하게 되어 있습니다. 왼쪽 그림에서 조금 더 절편의 값을 작게 하고 직선의 위치를 내리면 점과의 거리가 더 균등해질 수 있습니다.

직선과 점과의 거리는 오차입니다. 선형회귀를 적용한 모델에 방문객 수의 값(이것이 x입니다)을 넣었을 때 예측 결과로 반환되는 매출 값(y)은 직선상에 있는 값이기 때문에 실측 값인 점과의 오차가 크다라는 것은 그만큼 예측 정확도가 낮아진다는 것입니다. 이 오차 계산 방법으로는 평균제곱오차를 사용합니다. 평균제곱오차는 직선과 각 점의 오차를 제곱한 것을 합산하여 그 평균을 낸 것입니다. 오차를 제곱하는 이유는 플러스 오차와 마이너스 오차가 서로 상쇄되어 평균값이 제로가 되는 것을 피하기 위해서입니다. 가능한 한도에서 오차가 작아지는 가중치와 절편의 값을 구할 수 있다면 훈련이 끝난 모델의 정확도는 높아집니다.

지금까지의 설명으로는 매출을 예측하기 위한 목적 변수는 방문객 수 하나뿐이었지만, 현실에서는 정해진 가격이나 다른 매장의 움직임 등 다양한 요인이 존재합니다. 선형회귀에서는 목적 변수가 복수로 있어도 상관없습니다. 다만, 목적 변수가 늘어날수록 오차를 최소화하는 계산은 복잡해져 갑니다. 제4장에서 소개하는 Amazon SageMaker에서는 이 복잡한 계산을 간단히 실행하기 위해 선형회귀[8] 알고리즘이 제공되고 있습니다. 선형회귀는 널리 이용되는 기법이지만 데이터의 특성에 따라서는 선형회귀가 적합하지 않을 수도 있습니다. 그럴 경우 선형회귀와는 별개의 알고리즘을 사용할 필요가 있습니다. Amazon SageMaker에 내장된 알고리즘에는 다양한 것들이 있습니다. 이에 대해서는 제4장을 참조해 주세요.

COLUMN 로지스틱 회귀

기계학습에 대해 이해하기 쉬운 예제로 '붓꽃(Iris) 품종 분류'를 많이 사용하고 있습니다. 붓꽃 품종 분류에서는 '꽃잎 길이'와 '꽃받침 길이'에 따라서 예를 들어, A라는 품종인지 B라는 품종인지를 분류합니다.

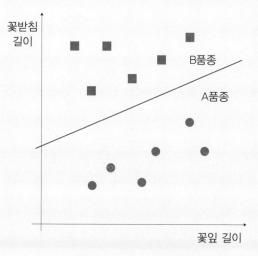

그림 1-3-3 붓꽃 품종 분류

그림 1-3-3 같이 붓꽃의 '꽃잎 길이'와 '꽃받침 길이'에 대해서 A품종을 ●, B품종을 ■ 로 그래프상에 나타낸 경우, 그 사이에 1개의 직선을 그을 수 있습니다. 이때 각각의 ●에서 직선까지의 거리의 합계와 각각의 ■에서 직선까지의 거리의 합이 같도록 직선을 긋습니다. 이렇게 해서 새로 측정한 붓꽃의 꽃잎 길이와 꽃받침이 길이가 직선보다 아래쪽에 위치하게 되면 그 꽃은 A품종으로 분류할 수 있습니다.

이 기법은 본문에서 설명한 선형회귀를 분류 문제에 응용한 '로지스틱 회귀(Logistic Regression)'라는 것입니다. 제4장에서 설명하는 Amazon SageMaker에서 로지스틱 회귀는 선형 학습자(Linear Learner)라고 하는 내장 알고리즘으로 제공되고 있습니다.

---

8 선형회귀에 의한 예측은 Amazon SageMaker의 내장 알고리즘 이외에도 Python의 기계학습 라이브러리인 scikit-learn 등에서 제공되고 있으며 Excel에서도 사용 가능합니다.

1.3.2 기계학습과 딥러닝

기계학습과 함께 현재의 인공지능 붐을 만들어 내고 있는 기술이 딥러닝입니다. 기계학습이라는 말은 들어 본 적이 없지만 딥러닝이라면 들어 본 적이 있다는 분들도 있을 것입니다. 그만큼 딥러닝은 현재 인공지능 기술의 대명사가 되어 있습니다.

기계학습과 딥러닝은 병렬적인 관계가 아니라 포함 관계입니다. 딥러닝은 기계학습을 하기 위한 하나의 기술일 뿐, 기계학습이라는 큰 장르의 일부라고 보는 것이 타당합니다. 그러나 딥러닝 기술이 있기 때문에 학습 모델의 정확도가 압도적으로 높아지게 된 것은 사실이므로 역시 AI 붐의 일등 공신이라고 해도 틀림없을 것입니다.

일반적인(딥러닝을 이용하지 않는) 기계학습에서는 학습 데이터로부터 공통점 등을 습득하는 방법으로써 통계학적인 방법이 이용됩니다. 그래서 인공지능 기술과 수학(통계학)은 매우 가깝습니다. 딥러닝에서도 수학은 필요하지만, 인간의 뇌 구조 중 일부(뉴런)를 모방하면서 만들어진 기술이 이용되고 있습니다. 또한 이미지 인식에 딥러닝을 이용할 때는 인간의 눈(시각) 구조도 참고로 하고 있습니다.

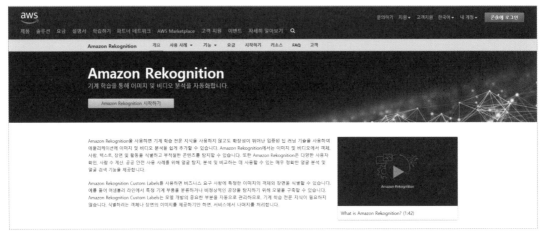

그림 1-3-4 Amazon Rekognition(https://aws.amazon.com/ko/rekognition/)

Amazon AI에는 딥러닝이 도입되어 있습니다. 예를 들어 이미지 인식 서비스인 Amazon Rekognition에는 '심층 학습에 기초한 이미지 인식 서비스'라는 설명이 포함되어 있습니다. Amazon Rekognition에 딥러닝이 도입되어 있다고 할 수 있습니다.

1.3.3 심층 뉴럴 네트워크

앞서 얘기한 것처럼 기계학습의 한 방법으로 딥러닝이 있는데, 딥러닝에도 몇 가지 방법이 더 있습니다. 그중 가장 넓게 사용되고 있는 것이 이미지 인식에 주로 이용되는 심층 뉴럴 네트워크 (Convolutional Neural Network)입니다.

먼저 딥러닝을 구성하는 기초 기술인 뉴럴 네트워크(neural network)에 대해 간단히 설명하겠습니다. 뉴럴 네트워크는 그림 1-3-5와 같이 나타내는 경우가 많습니다. 그림 속의 ○가 하나하나의 뉴런이며, 그 뉴런이 합쳐져 네트워크와 같이 되어 있어 뉴럴 네트워크(neural network, 신경망)라고 불리고 있습니다.

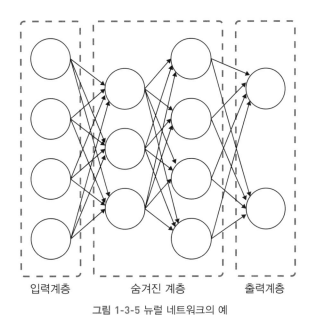

입력계층   숨겨진 계층   출력계층

그림 1-3-5 뉴럴 네트워크의 예

하나하나의 뉴런에는 가중치(Weight)와 역치(bias)라는 값이 있습니다. 입력계층의 뉴런에 어떤 값이 입력되면 각각의 뉴런은 스스로의 가중치와 역치 값에 따라서 계산을 실시하고 다음 뉴런에게 값을 전달합니다. 여기에서 가중치는 입력값에 곱하는 값, 역치는 다음 뉴런에 값을 어떻게 줄지를 결정하는 값입니다. 예를 들면 어느 뉴런에 (1, 2)라는 입력을 하고 그 가중치가 (3, 1)이라면, 1×3 + 2×1이라는 계산이 수행되며 계산 결과는 5가 됩니다. 그 뉴런의 역치가 6이라면, 5 〈 6 이므로 다음 뉴런으로 값이 전달되는 것은 억제됩니다.

이러한 처리가 하나하나의 뉴런에서 행해집니다. 그때 가중치와 역치 값이 뉴런마다 상이하다면 그 뉴럴 네트워크에 같은 값을 입력해도 얻을 수 있는 결과는 크게 달라지게 됩니다. 게다가 뉴럴 네트워크 구조는 인간이 만들지만 각 뉴런의 가중치와 역치 값을 결정하는 것은 기계학습의 학습 단계(Training phase)입니다. 사용하는 알고리즘이 선형회귀이냐, 뉴럴 네트워크냐에 따라 차이는 있지만 학습 단계에서는 동일한 것을 실시한다는 것을 알 수 있을 것입니다. 기계학습은 인간이 작성한 모델의 가중치와 역치(절편)값(이것을 파라미터라고 합니다)을 구하는 작업을 학습 데이터를 바탕으로 기계(컴퓨터)가 스스로 실시하게 하는 기술이라고 할 수 있습니다.

이미지를 취급하는 심층 뉴럴 네트워크(CNN)에서는 상기와 같은 뉴럴 네트워크의 입력계층에 전달하는 값을 이미지로부터 추출하는 작업을 실시합니다. 그림 1-3-6과 같이, 주어진 이미지 데이터에 대해 심층계층과 풀링(pooling)계층을 반복 처리하고(특징량 추출, feature volume), 거기서 얻은 데이터(특징량)를 뉴럴 네트워크(전체결합계층)의 입력값으로 합니다. 전체결합계층에서는 입력된 값을 무엇으로 분류할 수 있는가(혹은 어떤 값을 예측할 수 있는가)를 추론합니다. 이 뉴럴 네트워크 전체의 구조가 이미지에 무엇이 나타나고 있는지를 인식하는 것이었다면 뉴럴 네트워크의 출력계층에서는 '인간이 나타나 있다'라든가 '개가 나타나 있다'라는 회답을 얻을 수 있습니다.

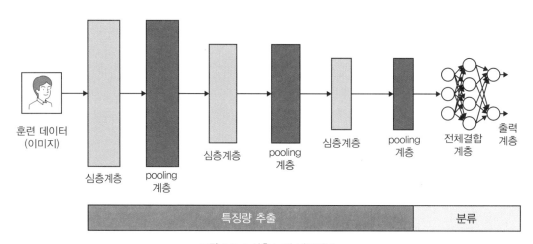

그림 1-3-6 신층 뉴럴 네트워크

그럼 심층계층과 풀링(pooling)계층은 대체 무엇을 하고 있는 것일까요? 컴퓨터상의 이미지는 그림 1-3-7의 왼쪽 위에 있는 '1'이라고 하는 숫자와 같이 픽셀마다 색상 정보(여기서는 흑백 이미지이기 때문에 0 또는 1, 칼라 이미지인 경우에는 적·녹·청 각각 0 ~ 255 값)의 집합입니다. 우선, 심층계층에서는 이미지를 예로 들면, 3×3 픽셀씩 필터를 거쳐서 처리하고 특징 맵(map)을 작성합니다. 필터는 세로 방향 직선에 강하게 반응하는 것이나 색조의 변화에 강하게 반응하는 것 등 다양하며 그러한 단면으로 이미지의 특징을 밝혀내 갑니다.

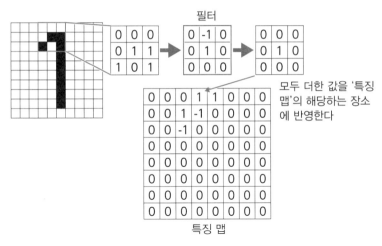

필터

모두 더한 값을 '특징 맵'의 해당하는 장소에 반영한다

특징 맵

그림 1-3-7 심층 처리

다음으로 풀링계층에서는 특징 맵의 크기를 축소합니다. 그림 1-3-8은 MaxPooling이라는 방법으로 특징 맵을 2×2의 영역으로 구분하고 각 영역의 최대치를 풀링계층의 출력으로 합니다. 풀링계층에서 처리함으로써 이미지 내에서 도안의 위치가 다소 변동되어도 그것을 흡수할 수 있게 되거나 데이터 양이 줄어 학습 단계에 걸리는 시간을 단축할 수 있다는 장점이 있습니다.

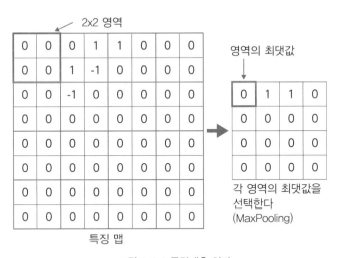

2x2 영역

영역의 최댓값

각 영역의 최댓값을 선택한다
(MaxPooling)

특징 맵

그림 1-3-8 풀링계층 처리

이러한 심층 뉴럴 네트워크는 제5장에서 AWS Deep Learning AMI의 작성 사례로 소개하고 있습니다. 인공지능의 기본적인 설명은 이 정도로 하고 다음 장부터는 Amazon AI의 구체적인 내용을 살펴보도록 하겠습니다.

AWS의 기계학습 서비스

AWS에서는 기계학습과 관련된 다양한 서비스가 제공되고 있습니다. 기계학습을 실시할 때는 데이터를 취급하는 것이 중요합니다. 데이터가 있어야만 기계학습 모델을 만들 수 있습니다. AWS에서는 데이터를 수집하여 축적하고 분석하기 위한 서비스를 풍부하게 제공하고 있습니다.

본 장에서는 이러한 서비스들을 어떻게 조합하여 기계학습을 실제 시스템에 도입해갈지 배워보겠습니다.

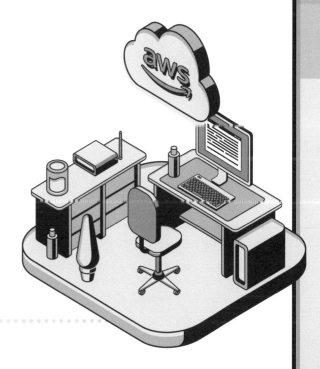

2.1 기계학습을 어떻게 사용할까?

2.1.1 기계학습 사용하고 만들기

제1장에서는 인공지능의 역사를 되돌아보면서 현재 제3차 붐의 중심 기술인 기계학습과 딥러닝에 대해 설명했습니다. 그럼 기계학습이나 딥러닝은 어떻게 사용하면 좋을까요?

원래 기계학습을 '사용하기' 위해서 기계학습 그 자체를 '만들' 필요가 있을까요? 만들지 않고 사용할 수만 있다면 이만큼 간단한 것은 없습니다. AWS에서는 기계학습을 만들기 위한 서비스뿐만 아니라, 기계학습을 만들지 않고 단순히 사용하기 위한 서비스도 제공되고 있습니다. 만들지 않고 사용할 수 있다면 만들기 위한 서비스는 왜 필요한 것일까요?

본 장에서는 기계학습을 사용하고 만드는 것의 장점을 살펴보면서 AWS에서 제공하는 서비스에 대해 알아보겠습니다.

2.1.2 프로그래밍으로 모델 만들기

'기계학습이나 딥러닝을 사용한다'고 하면 Python이나 R이라는 기계학습이나 통계분석에 적절한 프로그래밍 언어를 사용해 스스로 모델[1]을 만드는[2] 모습이 떠오를 것입니다. 서점에는 Python이나 R을 사용해 기계학습을 실시하기 위한 기술서가 많이 있으며(본서도 그중 하나라고 할 수 있습니다) 인터넷에도 관련 정보들을 많이 찾아볼 수 있습니다.

본서에서는 제4장과 제5장에서 Python 기반의 기계학습이나 딥러닝을 사용해 스스로 모델을 만들게 됩니다. 딥러닝에 적합한 라이브러리는 오픈 소스로 많이 공개되어 있는데, 제5장에서는

---

1   제1장에서 설명한 것처럼 기계학습이나 딥러닝을 사용해 분류나 회귀를 실시하기 위해서는 '모델'을 만들고 학습 데이터를 이용해 학습할 필요가 있습니다. 학습 데이터를 이용해 학습 단계를 끝낸 모델을 '학습이 끝난 모델'이라고 합니다. 본서에서는 특히, 학습이 끝난 상태인 것을 강조할 필요가 있는 경우를 제외하고 단지, '모델'이라고 기술합니다.

2   프로그래밍으로 모델을 만든다고 해도 프로그래밍만으로 모델이 완성되는 것은 아닙니다. 프로그래밍으로 만들어진 모델은 학습이 끝나지 않은 상태이기 때문에 분류나 예측은 거의 불가능합니다. 프로그래밍으로 만든 모델을 학습 데이터를 사용해 기계학습을 함으로써 비교적 정확도가 높은 분류나 회귀가 가능한 모델로 만드는 것입니다.

Google이 공개한 TensorFlow와 Keras라는 라이브러리를 활용합니다. 기계학습에 관한 최근의 연구 성과는 바로바로 이러한 라이브러리들에 반영되기 때문에 새로운 기술을 접할 수 있으며, 스스로 원하는 모델을 만들 수 있다는 매력이 있습니다. 물론 학습 데이터로 독자적인 데이터를 이용하는 것도 가능합니다. 기계학습이나 딥러닝을 사용하는 방법으로 이렇게 프로그래밍에 의한 것이 대표적이라고 할 수 있습니다.

2.1.3 웹 서비스로 모델 만들기

최근에는 프로그래밍을 하지 않고 웹 브라우저 조작만으로 모델을 만들 수 있는 서비스도 많아지고 있습니다. 예를 들어 Microsoft의 Azure Machine Learning(Azure ML)은 웹 브라우저에서 오브젝트를 드래그 앤 드롭(Drag and Drop)하는 것만으로 학습 데이터 가공 및 각종 알고리즘을 이용한 기계학습, 그리고 만들어진 모델의 평가도 할 수 있습니다.

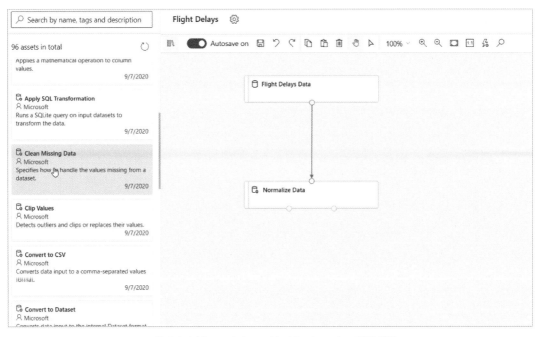

그림 2-1-1 Microsoft Azure Machine Learning 화면 예시

또한 Sony의 Neural Network Console도 웹 브라우저나 윈도우용 데스크톱 어플리케이션에서 드래그 앤 드롭을 통하여 딥러닝에서 사용하는 뉴럴 네트워크 구조를 만들고 학습 단계를 거쳐 모델을 만들 수 있습니다.

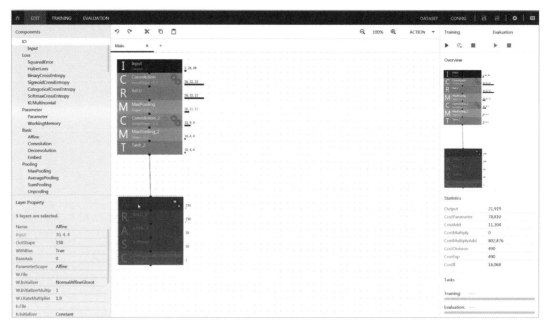

그림 2-1-2 Sony Neural Network Console 화면 예시

이외에도 Google은 Cloud AutoML, IBM도 Watson Machine Learning(Watson ML)이나 Watson Studio라는 서비스를 제공하고 있습니다. 물론 AWS에도 제4장에서 설명하는 Amazon SageMaker라는 서비스가 있습니다.

2.1.4 작성된 모델을 사용하기

직접 모델을 만들지 않고 기계학습이나 딥러닝을 이용해서 구현된 기능을 사용할 수도 있습니다. IBM Watson이나 Microsoft Azure Cognitive Services에서는 이미지 인식이나 음성 인식이라고 하는, 일반적으로 기계학습 기술을 이용하여 구현하는 기능을 자신이 개발한 앱에서 간단하게 호출할 수 있는 API로 제공하고 있습니다. 이미지 인식이나 음성 인식에 이용되는 모델은 사전에 학습이 끝난 상태이므로 스스로 학습 데이터[3]를 준비할 필요도 없습니다.

---

3 IBM Watson에서는 학습이 끝난 모델을 사용하는 방법 외에, 독자적인 학습 데이터를 준비하고 독자적인 모델을 만드는 방법도 제공되고 있습니다. 그래서 IBM Watson은 이미 만들어진 모델을 사용하는 방법과 웹 서비스로 모델을 만드는 방법인 하이브리드 형태를 띄고 있습니다.

그림 2-1-3 IBM Watson Visual Recognition 화면 예시

이러한 서비스는 Cognitive(인식) 서비스 또는 Cognitive API라고 불리기도 하며 IBM은 Watson을 Cognitive 컴퓨팅을 실현하기 위한 플랫폼이라고 설명하고 있습니다. 한편 AWS에는 Amazon AI라는 서비스가 있으며 이미지 인식, 음성 인식, 챗봇 등 다양한 서비스를 제공하고 있습니다.

2.2 AWS에서 기계학습을 사용하려면?

2.2.1 Amazon AI

여기에서는 AWS에서 제공하는 서비스를 살펴보겠습니다.

그림 2-2-1 Amazon AI 서비스 설명(https://aws.amazon.com/ko/machine-learning/what-is-ai/)

Amazon AI는 기본적으로 미리 작성된 모델을 이용하여 이미지 인식이나 음성 인식과 같은 기능을 사용하기 위한 서비스이며, Cognitive 서비스(오른쪽 페이지의 'COLUMN' 참조)로 분류됩니다. 기계학습 알고리즘을 이용해서 내가 직접 모델을 만들거나 학습 데이터를 준비하지 않아도 기계학습을 위하여 준비된 서비스를 사용할 수 있기 때문에 개인 앱이나 기업 업무 시스템과 같은 다양한 시스템에 AI적인 기능을 담을 수 있는 가장 쉬운 방법이라고 할 수 있습니다.

또한 2018년부터 2019년에 걸쳐 Amazon AI 서비스가 추가되면서 Cognitive 서비스에 해당되지 않는 서비스도 나타나고 있습니다. 예를 들어 Amazon Forecast는 과거 데이터를 학습 데이터로 하여 다양한 예측을 하는 모델을 쉽게 만들 수 있게 하는 서비스입니다. 뒤에서 언급하는 Amazon SageMaker에서는 자유롭게 모델을 만들 수는 있으나, 기계학습에 관련된 고도의 지식이 요구되고 있습니다. 하지만 Amazon AI로 분류되는 서비스는 어느 정도 사전에 정해진 용도의 모델만 만들 수 있으나 전문적인 지식은 필요하지 않습니다.

그림 2-2-2 AWS 콘솔에서의 기계학습 서비스 목록[4]

 Cognitive 서비스

Cognitive는 '인식', '인지'라는 뜻을 가진 단어입니다. 구체적으로는 인간이 눈으로 본 것이 무엇인지 알아차리거나, 귀로 들은 말이 무엇을 의미하는지 이해하는 것을 말합니다.

Cognitive 서비스란 이러한 기능을 기계학습이나 딥러닝과 같은 기술을 활용하여 컴퓨터로 구현하고 이를 클라우드에서 API 서비스로 제공하는 것을 말합니다. 본 책에서 다루는 Amazon AI 이외에도 수많은 클라우드 서비스 사업자가 Cognitive 서비스를 제공하고 있습니다.

- **IBM Watson**

IBM이 제공하는 Watson은 IBM이 주장하고 있는 Cognitive Computing의 핵심 서비스입니다. 이미지 인식 서비스인 Visual Recognition, 자연어를 분류하는 Natural Language Classifier, 챗봇 등으로 대화의 흐름을 제어하는 Watson Assistant, 대량의 문서를 저장하고 구어체 형태로 검색할 수 있는 Discovery 등의 서비스가 제공되고 있습니다.

---

4 기계학습 서비스 목록 가운데 Amazon SageMaker와 Amazon Machine Learning 이외에는 Cognitive 서비스로 분류됩니다. 목록을 보면 Cognitive 서비스가 풍부하게 갖추어져 있음을 알 수 있습니다.

- **Microsoft Azure Cognitive Services**

  Microsoft는 자사의 클라우드 서비스인 Azure에서 Cognitive Services라는 서비스를 제공합니다. 이미지 인식을 하는 Computer Vision API나 검색 엔진 Bing에 관한 서비스 등이 있습니다.

- **Google Cloud Platform**

  Google도 자사의 클라우드 서비스인 Google Cloud Platform에서 Cognitive 서비스를 제공하고 있습니다. 특별히 Cognitive 서비스를 지칭하는 단독 브랜드 명칭은 없지만 이미지 인식 Cloud Vision API와 자연어에 관한 기능을 제공하는 Cloud Natural Language API 등을 제공하고 있습니다.

이미지 인식을 예로 든다면 이미지에 무엇이 찍혀 있는지 인식하거나 이미지에 찍혀 있는 얼굴 표정을 분석할 수 있습니다. 무엇이 찍혀 있는가에 대해서는 미리 학습되어 있는 것에 한정되어 인식할 수 있습니다. 그 정도만으로 충분하다면 스스로 학습 데이터를 준비하고 독자적인 모델을 만드는 것보다 인식 정확도가 대체로 양호한 Amazon AI를 사용하는 이점이 더 크다고 할 수 있습니다. 본서에서는 제3장에서 Amazon AI의 각 서비스에 대해 설명합니다.

 COLUMN Amazon Machine Learning

AWS가 AI와 관련된 기능을 제공하기 시작했을 때부터 준비되어 있던 서비스로는 Amazon Machine Learning(이하 Amazon ML)이 있습니다. Amazon ML은 Web 브라우저 조작을 통해 학습 데이터를 업로드함으로써 독자적인 모델을 만들 수 있는 서비스입니다. 수치나 단어 정도의 문자열로 만들어진 데이터를 Input으로 하여 분류하거나 수치를 예측하는 학습 모델을 만들 수 있습니다. 다만, 본서 집필 시점에 있어서 새롭게 Amazon ML 사용을 시작하려고 하면 이 서비스가 언젠가는 폐지된다는 내용의 경고 메시지가 표시되니 참고 바랍니다.

Amazon ML에서는 과거의 매출 데이터를 기반으로 미래의 매출을 예측하거나 공장의 생산설비 가동 데이터로부터 장비의 고장이나 소모품 교환 시기를 예측하는 등 용도가 미리 정의되어 있었습니다. 이러한 용도라면 새로 제공되는 Amazon Forecast나 Amazon Personalize를 사용할 수 있습니다. 또한 Amazon SageMaker를 사용하면 더욱 유연하게 모델을 만들 수 있습니다.

2.2.2 Amazon SageMaker

Amazon SageMaker(이하 SageMaker)는 기계학습 알고리즘을 이용한 모델을 만드는 것부터 배포(Deploy)까지 일관성 있게 대응할 수 있는 서비스입니다. 모델을 만들 때에는 Python으로 개발할 때 주로 이용되는 Notebook을 사용할 수 있습니다.

SageMaker에서는 Notebook을 사용함으로써 웹 브라우저에서 Python으로 프로그램을 만들고 순차적으로 실행시켜 동작을 확인하면서 모델을 효율적으로 개발할 수 있습니다. SageMaker에서는 독자적인 라이브러리나 기계학습 알고리즘(내장 알고리즘)도 제공되고 있습니다. 더욱이 기계학습 학습 단계에서는 고성능 컴퓨터 환경이 필요한데, 이러한 환경을 AWS 클라우드에서 실현할 수 있는 것은 커다란 장점입니다. 또한 완성된 모델을 SageMaker에서 조작하여 API로 공개할 수도 있습니다. 이렇듯 SageMaker는 기계학습과 관련되어 만능과 같은 기능을 가지고 있기 때문에 AWS에서 모델을 개발할 때 매우 편리한 서비스입니다. SageMaker에 대해서는 제4장에서 자세하게 설명하고 있습니다.

2.2.3 Amazon EC2와 AWS Deep Learning AMI

기계학습이나 딥러닝을 수행할 때 AWS에서 잘 알려진 IaaS(Infrastructure as a Service) 환경인 Amazon EC2(Amazon Elastic Compute Cloud 이하, EC2)를 사용할 수도 있습니다. EC2에서는 GPU가 탑재된 인스턴스[5](Instance)가 제공되어 특히 딥러닝에 있어서 유용합니다.

EC2에서는 Linux 등 기본 소프트웨어만 도입된 컴퓨팅 환경이 제공됩니다. 이 때문에 일반적으로 기계학습이나 딥러닝을 하기 위한 환경(Python이나 TensorFlow 등의 라이브러리)을 구축하는 일은 번거롭습니다. 하지만 그런 환경이 미리 구성된 AWS Deep Learning AMI(Amazon Machine Images)도 제공되고 있어서 기계학습 프로그래밍 작업을 바로 수행할 수 있습니다.

본서에서는 제5장에서 AWS Deep Learning AMI를 이용한 EC2 환경 구축과 간단한 학습 모델을 만드는 것을 설명합니다.

2.2.4 데이터 레이크와 데이터 분석 서비스

기계학습을 하기 위해서는 일반적으로 대용량의 데이터 즉, 빅데이터를 준비해야 합니다. 또한 개인이 모델을 개발하는 경우를 제외하고 개발 구성원간에 데이터를 공유해야 합니다. 그러므로 데이터를 클라우드에 보관하고 수시로 사용할 수 있도록 해야 합니다. 이러한 환경을 일반적으로 데이터 레이크(Data lake)라고 합니다. AWS에서는 데이터 레이크를 구축하기 위한 서비스

---

5 딥러닝에서는 GPU를 탑재한 고성능 컴퓨터를 이용함으로써 학습에 걸리는 시간을 절약할 수 있습니다.

로 객체 스토리지인 Amazon S3(Amazon Simple Storage Service, 이하 S3)와 NoSQL 데이터베이스인 Amazon DynamoDB(이하 DynamoDB)를 제공하고 있습니다.

기계학습 모델을 개발할 때는 학습에 이용하는 데이터의 특징을 미리 분석하는 것이 필요합니다. 분석에는 데이터 웨어하우스(Data Warehouse)인 Amazon Redshift나 비즈니스 인텔리전스(BI) 서비스인 Amazon QuickSight 등을 이용합니다. 또한 Ad-Hoc(그 장소에서만 임시적) 분석을 하기 위해 S3에 저장된 데이터를 SQL로 집계, 검색 등을 하는 Amazon Athena를 사용하는 경우도 있습니다.

2.3 기계학습을 시스템으로 사용하려면?

2.3.1 기계학습을 사용한 시스템이란?

여기서는 '기계학습을 사용한 시스템'이 어떤 시스템인지 생각해 보겠습니다.

기계학습을 사용한 시스템은 크게 구분하면 모델 자체, 그 모델을 사용해서 업무 요건 등을 처리하는 로직, 화면 등 사용자 인터페이스로 구성됩니다. 시스템에는 구현하고자 하는 어떤 요건이 있는데 일반적인 시스템에서는 사용자 인터페이스를 이용하여 입력을 받고 로직으로 처리한 후 그 결과를 사용자 인터페이스로 표시합니다. 모델이란 것은 주로 로직의 특정 부분으로부터 호출되어 일부 처리를 대신 해준다는 의미입니다. 모델만 있다고 해서 요건을 충족시킬 수 있는 경우는 거의 없습니다.

모델을 만들기 위해서는 데이터를 통한 학습이 필요한데, 그 학습은 한 번에 끝나는 것이 아닙니다. 기본적으로 시스템을 실제 운용하여 데이터를 수집하고 그 수집된 데이터를 사용하여 모델을 세련되게 하는 작업도 필요합니다. 따라서 기계학습을 사용한 시스템은 그러한 것들을 위한 구조도 갖출 필요가 있습니다.

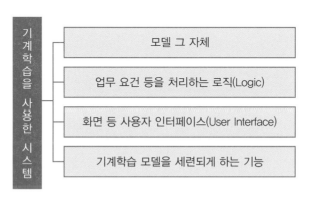

그림 2-3-1 기계학습을 사용한 시스템

2.3.2 기계학습 워크플로우

기계학습 모델은 그림 2-3-2와 같은 순서로 만들며, 학습·평가를 하고 시스템에 설치합니다.

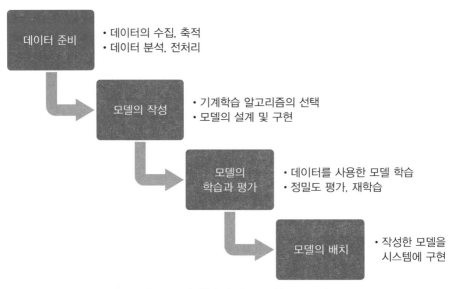

그림 2-3-2 기계학습의 워크플로우(Workflow)

　기계학습을 사용한 모델을 만들기 위해서는 기본적으로 데이터가 필요합니다. Amazon AI와 같은 AI 서비스에서는 이미 만들어진 모델이 제공되기 때문에 직접 데이터를 준비할 필요가 없습니다. 한편, 스스로 독자적인 모델을 만드는 경우에는 데이터가 필요합니다. 그 데이터는 어디에 있을까요? 기존 시스템에 축적되고 있는 데이터나 공개된 오픈 데이터를 사용할 수 있다면 그것을 쓰면 됩니다. 그러나 그러한 데이터가 존재하지 않을 때에는 우선, 데이터를 수집하고 축적하는 구조를 구축하는 것부터 시작해야 합니다. 이미 데이터가 존재한다고 하여도 모델을 만들 때 데이터의 양이나 데이터 항목 수가 부족하다고 판명되는 경우도 있습니다. 그럴 때에는 부속한 데이터를 수집·축적하는 방안을 생각해야 합니다.

　데이터가 수집·축적되었다면, 다음으로 그 데이터를 분석하고 모델을 만드는 공정을 시작하게 되는데, 단지 데이터가 있다는 것만으로는 모델을 만들 수 없습니다. 어떤 기계학습 알고리즘을 사용하고, 어떤 데이터를 투입해서 학습시키고 모델을 만들 것인지 생각해야 합니다. 축적한 데이터는 그대로 투입되는 것이 아니라 전처리 작업을 통해 목적에 맞게 가공할 필요도 있습니다. 그러한 전처리 작업에 의해 모델의 정확도가 향상됩니다.

기계학습에 사용하는 데이터는 전처리 작업을 해야 합니다. 데이터 전처리 작업에서는 아래와 같은 것들이 수행되고 있습니다.

- **결손값 보강**

  특정한 데이터에서 특징량(Feature volume)으로 사용하는 항목의 값이 설정되어 있지 않은 상태를 결손값이라고 합니다. 결손값이 있으면 기계학습을 할 수 없기 때문에 학습이나 예측에 가능한 영향을 주지 않는 값으로 보완합니다. 수치 항목에서는 평균값이나 중앙값 등이 사용됩니다.

- **분리된 값이 있는 데이터 제거**

  전체 데이터 중에서 크게 벗어난 값(밖으로 떨어져 나간 값)을 가진 데이터는 기계학습 모델의 예측 결과에 큰 영향을 미칠 수 있습니다. 크게 벗어난 값이 있는 데이터를 제거합니다.

- **다중공선성(Multicollinearity) 회피**

  특징량으로 이용하는 항목간에 강한 상관관계를 나타내는 항목이 쌍(pair)으로 존재하는 경우 기계학습 모델의 예측 결과에 커다란 영향을 미치기도 합니다. 따라서 어느 쪽이 되었든 항목을 제거합니다.

- **데이터 변환**

  기계학습에서는 기본적으로 수치화된 데이터밖에 사용할 수 없습니다. 그래서 성별 항목인 경우 남성을 0, 여성을 1 등의 수치로 변환합니다. 또한 동일한 사항을 가리키는데 다른 용어가 사용되고 있는 경우에는 이름을 변경하여 같은 값으로 나타나도록 변환합니다.

- **자연어 데이터의 수치 데이터화**

  자연어 데이터는 그 상태 그대로 기계학습에서 사용할 수 없기 때문에 BoW[6], Doc2Vec[7] 등의 기법을 사용하여 수치 데이터로 변환합니다.

데이터가 준비되면 사용할 기계학습 알고리즘을 결정하고, 모델을 설계하고 구현하기 시작합니다. 데이터를 사용하여 모델을 학습시키면 학습이 끝난 모델이 완성됩니다. 단 한 번의 학습만으로 필요 충분 조건을 만족하는 모델이 생기는 경우는 거의 없으며, 대부분의 경우 데이터 준비로 돌아오거나 모델의 설계를 재검토하거나, 다시 학습을 실시합니다. 이러한 시행착오를 반복하면서 정확도를 높여나가고 시스템에 적용할 수 있을 정도의 정확도를 가진 모델로 완성시켜나갑니다.

---

6 BoW(Bag of Words)는 문장 내에서 어떤 단어가 어느 정도 나타나는지 수치화하여 그 수치에 따라 문장의 특징을 나타내는 기법입니다. 단, 문장 내에서 단어가 나타나는 순서는 고려되지 않습니다.

7 Doc2Vec은 문장을 벡터(한 묶음의 수치를 나열한 것)화하는 기법으로, BoW와 마찬가지로 기계학습에서 자연어를 다룰 때 사용됩니다. BoW와는 달리 Doc2Vec은 단어가 나타나는 순서를 고려하기 때문에 문장의 의미가 표현되기 쉽다는 특징이 있습니다.

완성된 모델은 시스템에 적용하게 됩니다. 기본적으로는 모델을 사용하기 위한 API를 만들고 그것을 시스템에서 호출하는 것입니다. 모델을 만드는 워크플로우는 이것으로 완료되지만, 시스템의 실제 운용이 시작된 이후에 데이터가 축적되므로 그것을 사용해 모델의 정확도를 한층 높이기 위한 학습이나 모델의 설계를 재검토하는 일 등이 실시됩니다.

2.4 AWS에서 기계학습 워크플로우 만들기

2.4.1 데이터 수집과 축적

기계학습의 워크플로우는 꽤 복잡합니다. 또한 모델의 정확도를 향상시키는 조치는 그 모델을 사용하는 한 계속해서 실시할 필요가 있습니다.

그러나 AWS 서비스를 이용한다면 워크플로우를 원활하게 진행시킬 수 있습니다. 예를 들어 데이터 수집 대상이 웹 사이트 접속 로그나 IT 시스템의 수행 로그 같은 가상 데이터라면 Amazon Kinesis Data Streams이나 AWS Data Pipeline 등을 이용할 수 있습니다. 또한 공장의 설비 관련 가동 데이터나 인간의 신체 데이터와 같은 리얼(Real) 데이터 같은 경우에는 AWS IoT Core 등의 IoT 서비스를 이용할 수 있습니다.

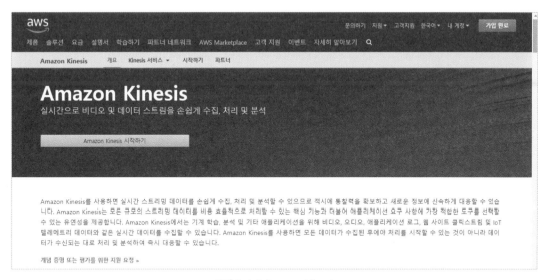

그림 2-4-1 Amazon Kinesis

수집한 데이터는 S3나 DynamoDB와 같이 데이터를 축적하는 서비스에 저장됩니다. 이후 사용하는 Amazon ML이나 SageMaker와 같은 기계학습 서비스에서는 S3에 축적한 데이터를 주로 사용하도록 되어 있기 때문에 우선은 S3에 저장하는 것이 좋습니다.

2.4.2 데이터 분석과 전처리

데이터 분석은 앞에서 설명한 바와 같이 Amazon Athena나 Amazon Redshift 같은 분석 서비스가 있습니다. 이러한 서비스를 이용하는데 있어 우선, 기계학습을 통해 해결하고 싶은 과제에 대한 가설을 세우고 그 가설을 데이터로 실증할 수 있는지 확인하고 검증하는 가설 검증 프로세스가 필요합니다. 설정한 과제에 대해 어떤 항목이 영향[8]을 미치는지, 어느 정도의 정확도로 예측과 분류를 할 수 있는지 데이터의 구조가 보이면 AWS 기계학습 서비스나 기계학습 알고리즘 중 어느 것을 사용하면 되는지 알 수 있습니다.

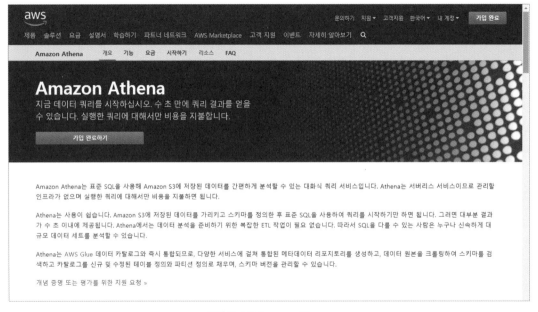

그림 2-4-2 Amazon Athena

기계학습을 실시할 때 전처리로써 p.43 [COLUMN]에서 소개한 것처럼 데이터를 가공할 필요가 있는 경우가 있습니다. 예를 들어 준비한 데이터에 결손값[9]이 있으면 거기에 대체값을 세팅합니다. 또한 이상값[10]이 있으면 그 데이터는 무시하는 편이 좋을 수도 있습니다.

---

8 어떤 항목이 결과에 영향을 미치는지 알면 모델을 만들 때 특징량으로 활용할 수 있습니다.

9 모든 데이터(표 형식에서는 행)에서 모든 항목(열) 값이 설정되어 있으면 되지만, IoT 데이터 등에서는 그렇지 않을 수도 있습니다. 이와 같이 값이 세팅되어 있지 않은(결손된) 데이터를 결손값이 있는 데이터라고 합니다.

10 준비한 데이터 전체를 살펴보면 어떤 항목(열) 값이 다른 행의 값에 비해 크게 벗어나 있을 수 있습니다. 예를 들어, IoT 센서로 실온 데이터를 축적하고 있는 경우 80℃라는 데이터가 있다면 센서 고장이 의심됩니다. 빗나간 값 중에서 이와 같이 원인을 알고 있는 데이터를 이상값이라고 부릅니다.

데이터 가공은 미리 Excel 등에서 CSV 데이터를 편집할 수도 있고 SageMaker에서 제공되는 Notebook을 통해 Python 프로그램으로 처리할 수도 있습니다.

2.4.3 어떤 기계학습 서비스를 사용할까?

데이터가 준비되었다면 다음은 사용하고자 하는 기계학습 서비스를 정합니다. AWS에서는 다양한 방법으로 기계학습을 할 수 있기 때문에 그 선택이 중요합니다.

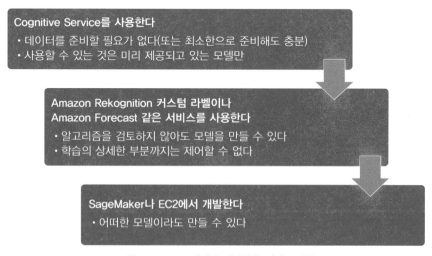

그림 2-4-3 AWS에서의 기계학습 서비스 선택

이미지 인식이나 음성 인식 등 Cognitive Service로 제공되는 것을 구현하고 싶은 경우에는 Amazon Rekognition이나 Amazon Transcribe 등의 서비스 API를 시스템에 도입하는 것을 먼저 검토하게 될 것입니다. 이와 같이 AWS에서 이미 학습이 완료된 모델이 제공되는 서비스 모델들의 정확도는 비교적 높기 때문에 직접 데이터를 준비하여 자체 모델을 작성할 필요는 없습니다. 독자적인 모델이 필요한 경우에는 Amazon Rekognition의 커스텀 라벨 기능을 사용하는 것 외에 SageMaker(제4장)나 AWS Deep Learning AMI(제5장) 등을 활용해 TensorFlow 등의 프레임워크로 이미지 인식 모델을 스스로 만드는 것을 검토합니다.

매출 예측이나 기계 고장 예측 등을 하고 싶은 경우는 Amazon Forecast를 먼저 검토해야 합니다. Amazon Forecast에서는 정해진 포맷의 데이터만 준비하면 화면의 지시에 따라 조작하는 것만으로도 모델을 만들 수 있습니다.

Amazon Forecast에서 만든 모델의 정확도가 만족스럽지 않을 경우에는 SageMaker 등을 사용하여 모델을 만드는데 이용하는 기계학습 알고리즘을 선택하거나 세밀한 설정을 하면 됩니다. 또한 앞서 말한 것처럼 SageMaker에서는 Notebook을 통해 데이터에 대한 전처리 작업을 할 수 있기 때문에 사용하는 기계학습 알고리즘뿐만 아니라 투입하는 데이터 관점에서도 재검토 할 수 있습니다.

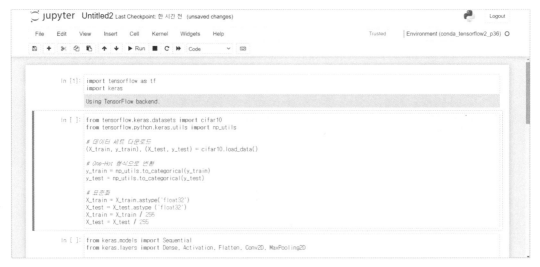

그림 2-4-4 SageMaker에서 Notebook 사용하기

2.4.4 시스템에 설치

기계학습 모델을 시스템에 설치할 때 기본적으로 API를 사용합니다. Rekognition 등 Cognitive 서비스에서는 원래 API를 통해 서비스가 제공되고 있기 때문에 그것을 시스템 내에서 호출하는 형태입니다. Amazon Forecast나 SageMaker에서 만든 모델은 API를 통해 각 서비스 안에서 수행할 수 있습니다. 또한, 온라인 처리 중에 리얼타임으로 호출되는 것뿐만 아니라 배치 처리되는 것도 가능합니다.

이와 같이 AWS에서는 데이터를 수집, 축적하여 모델을 만들고(또는 제공된 모델을 사용하고) 시스템에 적용하기 위한 서비스가 풍부하게 제공되고 있습니다. 이러한 서비스를 적절히 조합하여 최적의 워크플로우를 만들어 갑니다.

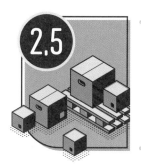

2.5 AWS 계정을 만들다

2.5.1 계정을 만드는 순서

이미 AWS 계정 등록을 한 독자분들이 많겠지만, 신규 가입자를 위해 간단하게 소개하겠습니다. AWS 사용자 등록을 하려면 먼저 https://aws.amazon.com/ko/에 접속하여 계정을 만들기 위한 버튼을 클릭합니다.

그림 2-5-1 AWS 메인 페이지(https://aws.amazon.com/ko/)

AWS 계정 생성 화면이 열리면 이메일 주소, 패스워드, AWS 계정 이름을 입력하고 [계속] 버튼을 클릭합니다.

그림 2-5-2 AWS 계정 생성

다음으로 연락처 정보를 설정합니다. 개인으로 등록하는 경우에는 계정 종류에서 [개인]을 선택합니다.

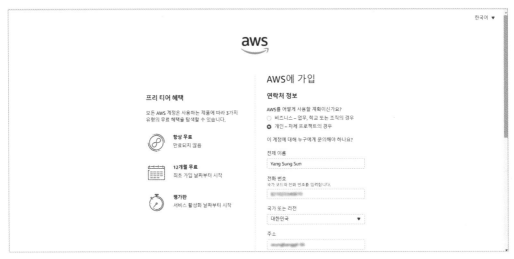

그림 2-5-3 연락처 정보

AWS에서는 계정을 만들 때 지불 정보를 입력해야 합니다. 계정 생성 후 12개월간은 서비스마다 일정한 범위에서 무료로 제공하는 기준이 있으나 이를 초과하여 사용하거나 무료로 제공되지 않은 서비스를 사용할 경우에는 과금이 발생합니다.

그림 2-5-4 지불 정보

AWS 계정 생성을 완료하기 위해서는 국가 또는 리전 코드와 휴대전화 번호를 입력한 후 SMS로 전달된 4자릿수의 숫자를 입력하면 확인이 완료됩니다.

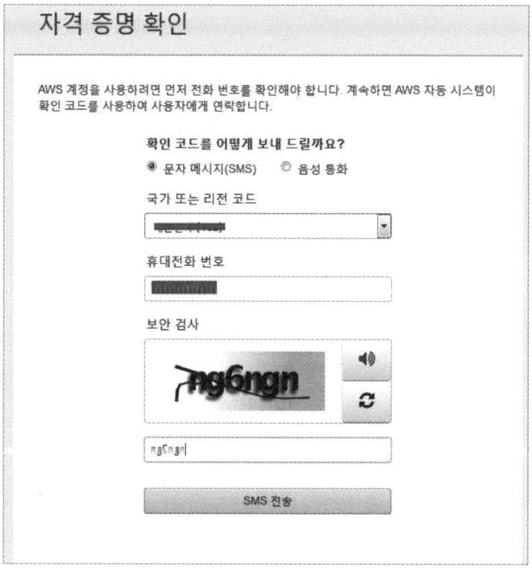

그림 2-5-5 전화 확인

확인이 완료되면 그림 2-5-6과 같은 화면이 나타납니다.

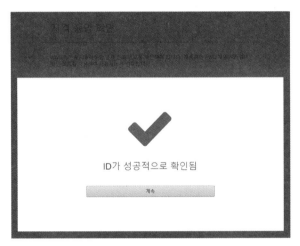

그림 2-5-6 본인 확인 완료

이후 Support Plan을 선택합니다. 본서에서 설명하고 있는 내용을 검증하는 정도라면 무료인 [기본 플랜]을 선택하면 좋을 것입니다.

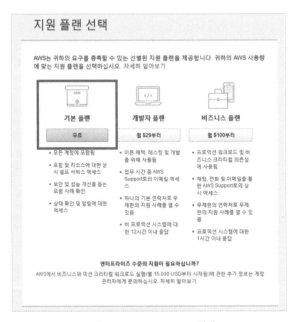

그림 2-5-7 Support Plan 선택

이렇게 하여 AWS 계정을 만들 수 있습니다.

그림 2-5-8 계정 생성 완료

생성된 계정으로 로그인하면 AWS 관리 콘솔이 나타납니다. AWS 서비스는 화면 상단의 메뉴에 있는 [서비스]를 클릭하면 사용을 시작할 수 있습니다.

그림 2-5-9 AWS 관리 콘솔(Management Console)

## 제3장

AI 서비스

AWS 기계학습 서비스를 실제로 사용해 보도록 하겠습니다. 먼저 이미지 인식 (Rekognition)이나 음성 인식(Transcribe)과 같은 기본적인 'AI' 기능을 부담 없이 사용할 수 있는 서비스를 실제로 조작해 보도록 하겠습니다. 또한, 학습 데이터를 스스로 준비하여 예측 모델을 만드는 Forecast와 Personalize 같은 서비스도 AI 서비스로 분류되고 있기 때문에 이 부분도 함께 배워 보도록 하겠습니다.

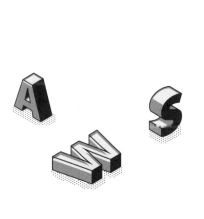

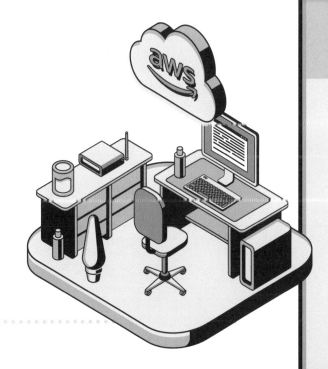

AI 서비스란?

3.1.1 AI 서비스는 Cognitive 서비스

AWS에서는 기계학습(ML) 서비스를 크게 AI 서비스, ML 서비스, 프레임워크, 인프라스트럭처의 4개 유형으로 분류하고 있습니다.

그림 3-1-1 AWS에서의 기계학습(https://aws.amazon.com/ko/machine-learning/)

이들 중 AI 서비스는 기계학습에 대한 구조를 그다지 의식하지 않으면서도 기계학습의 장점을 활용할 수 있는 서비스입니다. 예를 들어 이미지 인식을 하는 Amazon Rekognition이나 챗봇을 개발할 수 있는 Amazon Lex와 같이, 주로 기계학습이 완료된 모델을 API로부터 호출하는 타입의 서비스가 있습니다. Amazon Rekognition에서는 고양이가 찍힌 이미지에 고양이라고 라벨을 붙이는, 이러한 일반적인 물체와 관련된 이미지 인식을 할 수 있는 기계학습 모델이 이미 학습된 상태로 제공되고 있습니다. 우리는 그것을 API를 통해 호출하여 사용할 수 있습니다. 그때 미리 고양이 이미지를 대량으로 준비해서 기계학습을 실시할 필요는 없습니다.

Amazon Lex에서는 챗봇을 개발할 수 있습니다. 사용자로부터 어떤 질문을 받게 될 것인지, 그 질문에 대해 어떻게 답변할 것인지에 대한 설정이 필요하지만 기계학습 알고리즘이나 대화를 제어하기 위한 프로그램 자체를 개발할 필요는 없습니다.

이미지 인식을 하는 Amazon Rekognition이나 챗봇을 작성하는 Amazon Lex와 같이 사람의 눈이나 귀를 대신하거나 대화처럼 인간의 능력을 대신하는 서비스를 Cognitive 서비스라고 부르기도 합니다. Cognitive란 한국어로 '인지', '인식'을 의미합니다. 예를 들어 IBM의 Watson은 스스로를 Cognitive Service라고 부르고 있으며, Microsoft의 Azure에서 동일한 형태의 기능을 제공하는 서비스에 Cognitive Services라는 이름이 붙어 있습니다. AWS에서는 Cognitive라는 표현이 잘 사용되지는 않으나 그것과 유사한 서비스가 AI 서비스로 자리를 잡고 있습니다.

2018년부터 2019년에 걸쳐 정식으로 제공된 Amazon Forecast, Amazon Personalize 같은 서비스에서는 학습 데이터를 준비하고 기계학습을 진행해야 합니다. 다만, 기계학습 모델 자체는 AWS에서 제공된 것을 사용하고 학습 데이터를 이용해 모델 훈련만을 하기 때문에 기계학습 관련 내용을 의식할 필요가 없습니다. 따라서 Amazon Forecast나 Amazon Personalize 는 AI 서비스의 하나로 자리매김되고 있다고 생각됩니다.

COLUMN **기계학습을 직접 해야 하는 필요성**

인지 서비스가 AWS와 같은 클라우드 벤더[1]를 통해 제공된다면 우리는 기계학습에 대해 배울 필요가 없다고 생각할 수도 있습니다. 하지만 그렇지 않습니다. 클라우드 벤더가 준비한 학습 데이터의 양은 방대하지만, 어디까지나 일반적으로 알려진 것에 국한됩니다.

예를 들어 어떤 기업의 특수한 제품이나 기계 내부구조, 농가에서 채소와 과일을 선별하는 독특한 노하우에 기초한 데이터 등은 사용자가 직접 준비할 수밖에 없고 알고리즘을 만드는 것과 훈련도 직접 할 수밖에 없습니다.

AWS에서는 기계학습 그 자체를 직접 실시하는 환경도 서비스로 제공되고 있습니다. 기계학습을 함에 있어 그 내용에 대해서 별로 고려할 필요가 없는 서비스에는 본 장에서 설명하는 Amazon Forecast와 Amazon Personalize가 있습니다. 기계학습 내용을 포함하여 자유롭게 개발할 수 있는 서비스에는 제4장에서 설명하는 Amazon SageMaker와 제5장에서 설명하는 AWS Deep Learning AMI[2]가 있습니다.

---

1 클라우드에서 AI(Cognitive) 서비스는 AWS 외에도 Google Cloud나 Microsoft Azure, IBM Cloud 등에서 제공되고 있습니다.

2 AWS의 EC2로 사용할 수 있는 머신 이미지를 AMI(Amazon Machine Images)라고 합니다. AMI에 대해서는 제5장에서 자세히 설명하고 있습니다.

3.1.2 AI 서비스 개요

AI 서비스로 분류되고 있는 서비스로 본서 집필 시점에 아래와 같은 것들이 있습니다.[3]

- Amazon Rekognition (이미지 해석, 동영상 분석)
- Amazon Comprehend (텍스트 내부의 Insight 및 관계성 검출)
- Amazon Comprehend Medical (Amazon Comprehend 서비스를 의료용으로 특화한 것)
- Amazon Textract (이미지화된 문서에서 텍스트와 데이터를 추출)
- Amazon Translate (텍스트 번역)
- Amazon Transcribe (음성 인식)
- Amazon Polly (텍스트를 음성으로 변환)
- Amazon Lex (챗봇)
- Amazon Forecast (학습 데이터로부터 시계열 예측 모델을 생성)
- Amazon Personalize (학습 데이터로부터 개인화 및 추천 모델을 생성)

본 장에서는 이러한 AI 서비스에 대해 실제로 동작을 하도록 시도하지만, 유감스럽게도 일부 서비스는 한국어로 지원되지 않습니다. Amazon Lex나 Amazon Comprehend와 같이 자연어와 관련된 서비스를 한국에서 사용하려면 한국어에 대한 적용이 필수이지만, 본서 집필 시점에서는 적용되지 않았습니다. 이렇게 한국어 적용이 이뤄지지 않은 서비스에 대해서 본 장에서는 간략히 언급하는 정도로 진행되는 것을 양해하여 주기 바랍니다. 또한 Amazon Comprehend Medical은 의료용 문서에 특화된 모델이 적용되었다는 차이는 있지만, 대략 Amazon Comprehend와 동일하기 때문에 본서에서 설명을 생략하였습니다.

 COLUMN 더욱더 추가되는 AI 서비스

2019년 12월 미국 라스베가스에서 개최된 AWS 이벤트 're:Invent 2019'에서 AWS의 각종 서비스에 관한 다양한 발표가 진행되었습니다. AI 서비스에 대해서는 본 항에서 소개한 10개 서비스 외에 아래와 같은 서비스가 추가로 발표되었습니다.

- Amazon CodeGuru (기계학습 모델을 활용하여 프로그램 소스 코드 리뷰 수행)

---

3 https://aws.amazon.com/ko/machine-learning/

- Amazon Fraud Detector (기계학습 모델을 활용하여 온라인 지불 사기나 가짜 계정 생성을 발견)
- Amazon Kendra (자연어 형태의 질문으로 FAQ 등의 지식을 검색)

본서 집필 시점에는 모든 서비스가 Preview 릴리스 형태로 제공되고 있으며, Fraud Detector에 대해서는 사전 신청을 받은 후 순서에 따라 서비스로 초대되는 구조로 되어 있습니다(다른 2개 서비스는 AWS 계정만 있다면 평소대로 사용할 수 있습니다).

CodeGuru와 Fraud Detector는 그 동안 Amazon이 사내에서 활용하던 서비스를 외부에 제공하는 것으로, 사전에 훈련된 모델을 손쉽게 사용할 수 있습니다. 특히 Fraud Detector는 방대한 사용자와 온라인 거래 건수를 가지고 있는 Amazon 데이터가 활용되고 있다고 여겨지므로 정확도가 높은 서비스라고 할 수 있습니다.

한편 Kendra는 사용자인 기업이 보유한 HTML이나 Word, PowerPoint, PDF 등의 문서를 축적하고 그 문서를 자연어로 검색하는 서비스이기 때문에, 콘텍트 센터(Contact center) 등에서 활용할 수 있습니다. 단지, 현시점에서는 영어 버전만 제공되고 있어 한국 기업에서 사용하기에는 한정적일 수밖에 없습니다. 한국어 적용이 기다려집니다.

3.1.3 AI 서비스 과금에 대하여

AI 서비스 과금은 기본적으로 API를 호출할 때마다 이루어집니다. 예를 들어 Amazon Rekognition에서 학습이 끝난 모델을 사용하여 이미지 인식을 실시할 경우, 본 책 집필 시점에서 아시아 태평양(서울) 기준으로 이미지 1장당 0.0012USD가 부과됩니다. 또한, 1개월 단위로 이미지 인식 건수가 100만 개 이상부터 900만 개까지는 이미지 1매당 0.00096USD가 부과되고 있습니다.

Amazon Forecast와 같이 독자적인 데이터를 이용하여 모델에 대한 학습이 이루어지는 경우에는 학습 관련 비용이 부과되고 거기에 더해서 완성된 모델을 사용할 때에도 비용이 부과됩니다. 본서 집필 시점에서 학습에 관한 비용 부과는 학습에 걸린 시간에 대해 1시간당 0.24USD, 학습에 사용한 데이터 저장 관련 1GB당 0.088USD가 부과됩니다. 그리고 모델을 사용하여 예측을 실시할 때에는 1,000건 예측마다 0.6USD의 과금이 이루어집니다.

본서에 나오는 샘플 코드를 시험하는 정도라면 몇 백 원에서 몇 천 원 정도의 과금이 예상되지만, 서비스에 따라서 비용을 부과하는 형태가 다르기 때문에 사용하기 전에 반드시 확인이 필요합니다.

SDK 사용 준비

3.2.1 AI 서비스와 AWS SDK

AWS의 AI 서비스는 기본적으로 API로 기능을 호출합니다. 예를 들어 어떤 프로그램 안에서 이미지를 인식하기 위해서는 인식시키고 싶은 이미지 데이터와 몇 가지 파라미터를 AWS의 Rekognition API로 전달하여 인식된 결과를 얻게 됩니다. 파라미터나 인식 결과 데이터는 원칙적으로 JSON 형식으로 되어 있습니다.

API는 어떠한 프로그래밍 언어로 사용하기 위해 만들어진 인터페이스이기 때문에 동작을 시도해 보기 위해서는 그러한 환경을 만들어야 합니다. AWS에서는 프로그램 안에서 API를 쉽게 호출하기 위한 SDK가 제공되고 있으며 Java, Python, PHP 같은 프로그래밍 언어 전용 API를 선택해서 사용할 수 있습니다. 본서에서는 프로그래밍 언어로써 Python을 사용하며 AWS SDK for Python을 사용합니다.

지금부터는 Windows와 macOS에서 수행하기 위한 환경 준비에 대해 설명합니다.

3.2.2 Jupyter Notebook 도입(Windows)

Windows는 표준으로 Python이 도입되어 있지 않습니다. 이 책에서는 Python 3와 Jupyter Notebook을 이용해서 설명을 하기 때문에 Anaconda 디스트리뷰션(Distribution)을 설치합니다.

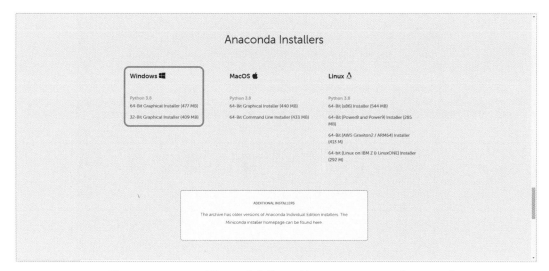

그림 3-2-1 Anaconda 다운로드 페이지(https://www.anaconda.com/download/)

Anaconda 다운로드 페이지(https://www.anaconda.com/download/)에 접속하여 Windows용 Python 3.8 버전 Anaconda 디스트리뷰션을 다운로드합니다.

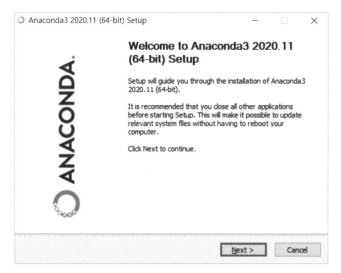

그림 3-2-2 Anaconda 설치 위저드

다운로드받은 파일을 실행하고 설치 화면의 지시에 따라 설치합니다.

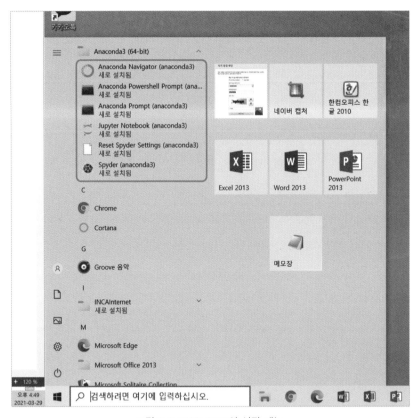

그림 3-2-3 Windows의 시작 메뉴

 설치가 완료되면 Windows의 시작 메뉴에 Anaconda3(64-bit)라는 폴더가 표시됩니다. 그 안에 있는 Jupyter Notebook을 실행하면 자동으로 웹 브라우저가 열리고 Jupyter Notebook 을 사용할 수 있는 상태가 됩니다.

3.2.3 Jupyter Notebook 도입(macOS)

Mac(macOS)에서는 표준으로 Python 3.8 버전이 도입되고 있습니다. AWS SDK for Python 은 2.65 이상/2.7/3.3 이상 버전인 Python을 지원하며, 표준 Python에서 사용할 수 있습니다. 본서에서는 Python 3로 설명하고 Jupyter Notebook을 이용하여 Web 브라우저에서 프로그 래밍과 동작 확인을 진행합니다. 그렇기 때문에 Python 3와 Jupyter Notebook 환경을 쉽게 구축할 수 있는 Anaconda 디스트리뷰션을 도입합니다.

 먼저 Anaconda 다운로드 페이지(https://www.anaconda.com/download/)를 열어

macOS 용 Python 3.8 버전 Anaconda 디스트리뷰션을 다운로드합니다.

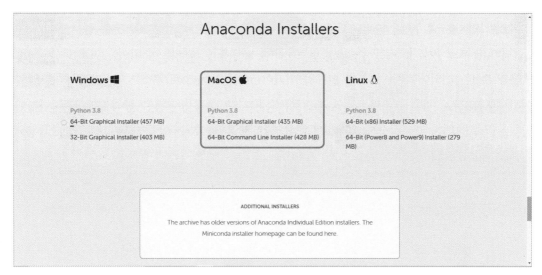

그림 3-2-4 Anaconda 다운로드 페이지(https://www.anaconda.com/download/)

다음으로 다운로드받은 파일을 실행하고 설치 화면의 지시를 따릅니다.

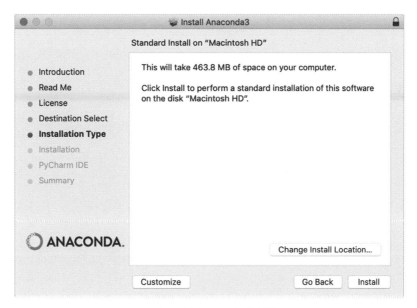

그림 3-2-5 Anaconda 3 설치

설치가 완료되면 macOS의 Launchpad에 Anaconda Navigator 아이콘이 추가됩니다. 이를 실행하여 표시된 메뉴에서 Jupyter Notebook을 실행할 수 있습니다.

그림 3-2-6 Anaconda Navigator에서 Jupyter Notebook을 실행

3.2.4 IAM으로 사용자 추가 및 권한 부여

SDK에서 AWS 서비스를 사용하려면 미리 액세스 키(Access Key) ID와 Secret 액세스 키를 발행할 필요가 있습니다. 웹 브라우저로 AWS 콘솔(https://console.aws.amazon.com/)에 로그인하고 인증 관련 데이터를 관리하는 서비스 IAM을 엽니다.

IAM 대시보드 화면이 열리면 화면 왼쪽에 있는 메뉴에서 [사용자]를 클릭합니다.

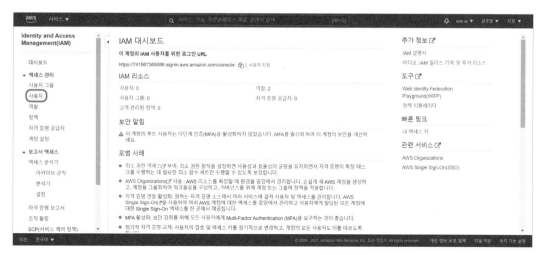

그림 3-2-7 IAM 대시보드

다음으로 [사용자 추가] 버튼을 클릭합니다.

그림 3-2-8 사용자 추가

사용자 이름을 임의로 설정합니다. 여기서는 apiuser라는 사용자 이름으로 설정했습니다. 액세스 유형은 [프로그래밍 방식 액세스]를 선택하고 화면 우측 하단의 [다음:권한] 버튼을 클릭합니다.

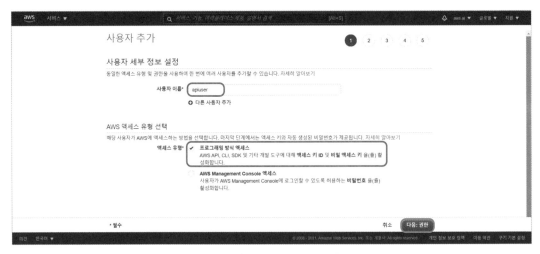

그림 3-2-9 사용자 이름과 액세스 유형 설정

다음은 만들고자 하는 사용자에게 부여할 접근 권한을 지정합니다. 권한은 임의로 생성할 수도 있지만 여기서는 서비스별로 여러 종류의 권한을 묶어서 정의하는 기존 정책을 사용하도록 하겠습니다. [기존 정책 직접 연결]을 선택하고 사용자에게 권한을 한 번에 부여합니다.[4] 본 장에서는 우선 이미지 인식 서비스인 Amazon Rekognition을 사용하므로 Amazon Rekognition에 관련된 모든 권한을 가진 [AmazonRekognitionFullAccess]를 체크(v)하고 [다음:태그] 버튼을 클릭합니다.

그림 3-2-10 정책 부여

---

4 실제 운영환경이라면 권한을 부여하는 서비스뿐만 아니라 자원 사용을 제한하는 정책도 만들어서 사용자에게 부여해야 합니다.

태그 설정은 선택 사항이기 때문에 특별하게 지정할 필요는 없습니다. [다음:검토] 버튼을 클릭합니다.

그림 3-2-11 태그 추가

다음 화면은 여기까지 화면에서 지정했던 내용들에 대한 확인입니다. 문제가 없으면 [사용자 만들기] 버튼을 클릭합니다.

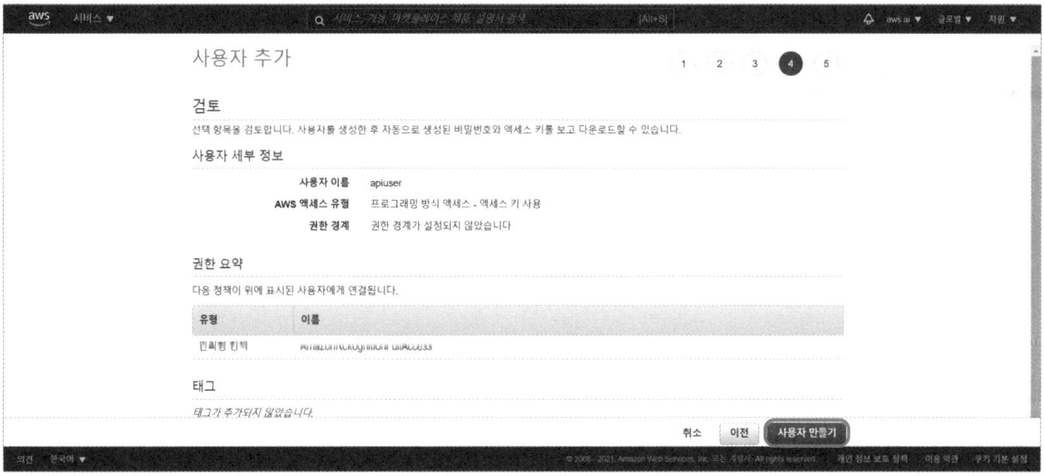

그림 3-2-12 확인

사용자 생성이 완료되면 액세스 키 ID와 시크릿 액세스 키가 표시됩니다. 액세스 키 ID는 처음부터 화면에 표시되어 언제든지 재확인할 수 있지만, 시크릿 액세스 키는 처음부터 마스킹(masking) 표시되어 있으며 [표시 링크]를 클릭하면 나타납니다. 주의해야 할 점은 시크릿 액세스 키는 현시점에서만 표시되므로 나중에 재확인할 수 없습니다. 반드시 메모를 하거나 다음 항에서 설명하는 인증 정보 설정 관련 조작을 하여야 합니다.

그림 3-2-13 사용자 추가 완료

3.2.5 인증 정보의 저장

전 항에서 했던 사용자 추가 작업의 마지막에 표시된 액세스 키 ID와 시크릿 액세스 키를 저장[5] 합니다. 우선 홈 디렉토리(Windows에서는 C:₩Users₩ 〈사용자명〉, macOS에서는 /Users/ 〈사용자명〉) 바로 아래에 .aws라는 폴더를 생성합니다.

다음은 노트패드 등 임의의 Text Editor 프로그램을 실행합니다. 그리고 .aws 폴더 안에 아래와 같은 내용을 기술한 후 credentials라는 파일명으로 저장합니다(파일명은 확장자가 없어야 합니다. Text Editor 프로그램에서 저장할 때 기본적으로 .txt 확장자가 추가되니 주의하세요).

```
[default]
aws_access_key_id = <액세스 키 ID>
aws_secret_access_key = <시크릿 액세스 키>
```

5 AWS 인증 정보 저장은 일반적으로 AWS CLI(Command Line Interface)를 설치한 후 진행하는데, 이 책에서는 다른 곳에서 AWS CLI를 사용하지 않기 때문에 직접 텍스트 파일을 만드는 방법으로 설명했습니다.

그림 3-2-14 credentials 파일 작성

이렇게 함으로써 SDK에서 작업할 때 AWS 인증이 자동으로 PASS됩니다.

3.2.6 기존 사용자에게 권한 부여

AWS에서는 새로운 서비스를 사용할 때마다 사용자에게 권한을 부여하는 작업이 필요합니다. 본서에서는 새로운 서비스를 사용할 때 사용자에게 부여해야 하는 정책을 그때마다 설명하고 있습니다. 앞서 신규 사용자를 만들고 권한을 부여하는 방법을 설명했습니다. 여기서는 기존 사용자에게 권한을 추가하는 방법에 대해 설명합니다.

조금 전에 생성한 apiuser 사용자에게 자주 사용하는 오브젝트 스토리지 서비스인 S3 권한을 추가합니다. 우선 IAM 사용자 화면에서 권한을 부여하고자 하는 사용자를 클릭하여 상세 정보를 조회합니다.

그림 3-2-15 사용자 선택

접근 권한 탭(Tab)에 있는 [권한 추가] 버튼을 클릭합니다.

그림 3-2-16 접근 권한 추가

여기서부터 진행되는 방법은 사용자를 생성할 때와 대부분 동일합니다. [기존 정책 직접 연결]을 선택하고 S3에 관한 모든 작업을 수행할 수 있는 [AmazonS3FullAccess]를 체크(v)합니다. [다음:검토] 버튼을 클릭합니다.

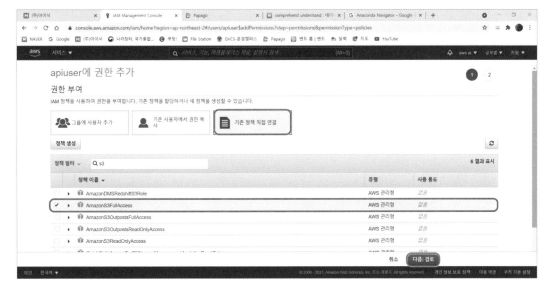

그림 3-2-17 정책 부여

확인 화면이 나타나고 문제가 없다면 [권한 추가] 버튼을 클릭합니다.

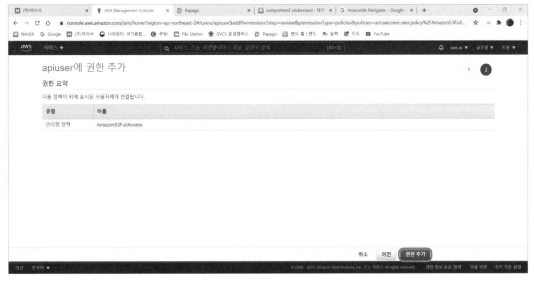

그림 3-2-18 추가할 접근 권한 확인

3.2.7 Jupyter Notebook에서 AWS SDK for Python을 사용하기

다음으로 Jupyter Notebook에서 AWS SDK for Python을 사용해 봅시다. 우선 SDK 인스톨을 해야 합니다. Jupyter Notebook에서 신규 노트북을 만듭니다. 화면 우측 상단에 있는 [New] 버튼을 클릭하여 [Python 3]를 선택합니다.

그림 3-2-19 신규 노트북 작성

Notebook에는 셀이라 불리는 프로그램 코드를 입력하는 영역이 있으며 여기에 입력한 코드를 셀 단위로 실행합니다. 셀에서 실행된 결과는 다음 셀에서도 유효하기 때문에 조금씩 코드를 이용하여 실행시키면서 동작을 확인할 수 있습니다. AWS SDK for Python에는 Boto3라는 이름이 붙어 있습니다. 이 Boto3[6]를 아래의 명령어를 실행하여 설치합니다. Notebook에서는 행 처음에 "!" 표기를 하면 프로그램 코드가 아닌 명령이라고 인식됩니다. 셀 실행은 화면의 [Run] 버튼을 클릭하거나 Shift + Enter 키를 누릅니다.

```
!pip install --upgrade boto3
```

6　Boto3 자세한 사항은 https://aws.amazon.com/ko/sdk-for-python/를 참조하세요.

그림 3-2-20 Boto3 설치

Boto3 설치 완료는 실행 결과 마지막에 보이는 'Successfully installed boto3…'라는 메시지에서 확인할 수 있습니다. 다음 셀에서 아래의 프로그램을 실행합니다.

```python
import boto3

client = boto3.client('s3', region_name='ap-northeast-2')
client.list_buckets()
```

그림 3-2-21과 같이 에러가 나오지 않고 결과가 표시되면 SDK 인스톨 및 인증 정보의 저장이 완료되어 SDK를 사용해 API를 조작할 수 있습니다.

```
In [4]:  import boto3

         client = boto3.client('s3', region_name = 'ap-northeast-2')
         client.list_buckets()
Out[4]:  {'ResponseMetadata': {'RequestId': '2R4V8B4KCM9BVWCH',
          'HostId': '2zGrEebsEhk2XPehrlfacVbPk4e242UPmxdJjG+UcNoVAQPJ5soI/jLY3rdtsvc6aJYF13w/akk=',
          'HTTPStatusCode': 200,
          'HTTPHeaders': {'x-amz-id-2': '2zGrEebsEhk2XPehrlfacVbPk4e242UPmxdJjG+UcNoVAQPJ5soI/jLY3rdtsvc6aJYF13w/akk=',
           'x-amz-request-id': '2R4V8B4KCM9BVWCH',
           'date': 'Fri, 21 May 2021 06:27:23 GMT',
           'content-type': 'application/xml',
           'transfer-encoding': 'chunked',
           'server': 'AmazonS3'},
          'RetryAttempts': 0},
         'Buckets': [],
         'Owner': {'ID': '8176c7711da040573bcecaae901a08fa0efff305ff6dac6a0a470d990e35aa0e'}}
```

그림 3-2-21 SDK 준비 완료 확인

3.2.8 S3 버킷 작성 및 파일 업로드

AWS 서비스를 이용할 때는 서비스 조합을 통해 S3를 사용하는 경우가 많습니다. 예를 들어 Amazon Transcribe는 음성 데이터를 텍스트로 변환하는 서비스인데, 음성 데이터는 파일 크기가 커질 수 있으므로 음성 파일을 S3에 업로드하고 Amazon Transcribe API에서는 S3 관련 URL을 파라미터로 세팅합니다.

S3에는 버킷(Bucket)이라는 영역을 만들고 거기에 파일을 업로드하는데, 버킷을 만들 때는 리전(region)을 지정합니다. Amazon Transcribe 등의 서비스에서 S3에 존재하는 파일을 사용하기 위해서는, 이용하는 서비스의 리전과 파일을 업로드한 버킷의 리전을 일치시켜 둘 필요가 있습니다. 기본적으로는 서울 지역(ap-northeast-2) 버킷을 하나 작성해 두면 충분하지만, AI 서비스에는 서울 리전에서 전개되지 않는 것이 일부 존재하므로 이러한 경우에는 해당 서비스가 제공되고 있는 리전에 맞는 버킷도 필요합니다.

S3에서 버킷을 만들려면 웹 브라우저에서 AWS 콘솔을 열고 S3 버킷 화면을 표시합니다. [버킷 만들기] 버튼을 클릭하면 위저드(Wizard)가 열립니다.

그림 3-2-22 S3 버킷 생성

여기서는 임의의 버킷 이름을 붙이고 리전은 아시아 퍼시픽(서울)을 지정합니다. 이후 위저드의 기본값대로 진행하면 버킷이 생성됩니다.

그림 3-2-23 버킷 이름과 리전 지정

버킷이 생성되면 파일을 업로드할 수 있습니다. 생성한 버킷의 개요 화면을 열고 [업로드] 버튼을 클릭합니다.

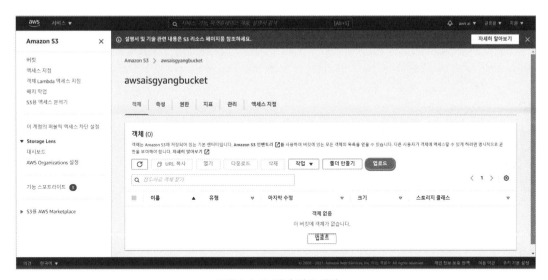

그림 3-2-24 버킷 개요 화면

파일을 업로드하기 위한 위저드가 표시되기 때문에 업로드할 음성 파일을 지정합니다. 다음은 위저드 기본대로 진행합니다.

그림 3-2-25 파일 업로드

업로드가 완료되면 버킷 개요 화면으로 돌아갑니다. 업로드한 파일이 나타나며, 그것을 클릭하면 오브젝트 URL이 표시됩니다. 이것이 API의 파라미터로 지정하게 되는 S3에 존재하는 음성 파일의 URL입니다.

그림 3-2-26 객체 URL 확인

3.3 Amazon Rekognition

3.3.1 Amazon Rekognition이란?

Amazon Rekognition(이하 Rekognition[7])은 이미지 및 동영상을 분석하기 위한 서비스입니다. 이미지 전용 서비스를 Rekognition Image, 동영상 전용 서비스를 Rekognition Video라고 부르며 그러한 서비스를 총칭한 것이 Rekognition입니다. Rekognition에는 이미 학습 완료된 모델이 제공되고 있습니다. 따라서 직접 기계 학습을 위한 데이터를 준비하지 않고도 이미지의 라벨 부착(물건과 장면(scene) 인식)이나 얼굴 인식 등의 기능을 사용할 수 있습니다.

Rekognition으로 할 수 있는 것은 아래와 같습니다.

- 이미지나 동영상 속의 사물 및 장면(scene) 인식
- 이미지 및 동영상에서 얼굴 인식 및 분석 (미리 등록해 둔 얼굴 인식 포함)
- 동영상에서 인물 추적
- 사진 및 동영상에서 유명인 인식
- 이미지나 동영상에서 성인 콘텐츠(Adult contents) 인식
- 이미지에 포함된 텍스트 인식

또한 Amazon Rekognition Custom Labels를 사용하면 스스로 준비한 이미지를 학습 데이터를 이용하여 독자적인 이미지 인식 모델로 만들 수 있습니다. 인식 대상이 되는 이미지나 동영상은 미리 S3에 저장해 둔 것을 사용하거나 로컬 파일을 바이트 데이터 형태로 업로드하여 사용할 수 있습니다. 동영상에 대해서는 저장된 동영상을 인식하는 것 외에 스트리밍 동영상을 인식하는 것도 가능합니다.

본 절에서는 Rekognition의 인식 기능 가운데 이미지를 이용한 물건 인식이나 얼굴 인식에 대해 알아보겠습니다.

---

7 https://aws.amazon.com/ko/rekognition/

3.3.2 이미지를 이용한 사물의 인식

우선, 이미지를 이용한 사물 인식부터 시작합시다. 여기서
는 그림 3-3-1의 개(토이 푸들) 이미지(dog.jpg)를 인식
시켜 보겠습니다.

그림 3-3-1 인식시키는 이미지

Jupyter Notebook에서 새 노트북을 작성하고 아래 코드를 실행합니다.

```python
import boto3
import json

client = boto3.client('rekognition', region_name='ap-northeast-2')

with open('dog.jpg', 'rb') as image_file:
 bytes_data = image_file.read()
 response = client.detect_labels(Image={'Bytes': bytes_data})

 print(json.dumps(response, indent=2))
```

노트북을 작성했을 때 사용했던 폴더(.aws 폴더를 만들었던 사용자 폴더)에 이미지(dog.
jpg)를 위치시키고 Python의 open 함수로 이미지 파일을 엽니다. AWS SDK(boto3)의
Rekognition API에서는 인식시키고 싶은 파일을 지정할 때 Base64 인코딩 바이트 데이
터를 필요로 하기 때문에 image_file.read()와 같이 바이트 데이터를 가져옵니다. 실제로
Rekognition을 사용해 이미지를 인식시키는 것은 detect_labels() 부분입니다. 인식 결과는
JSON 형식으로 얻을 수 있으므로 그것을 print 함수로 표시하고 있습니다.

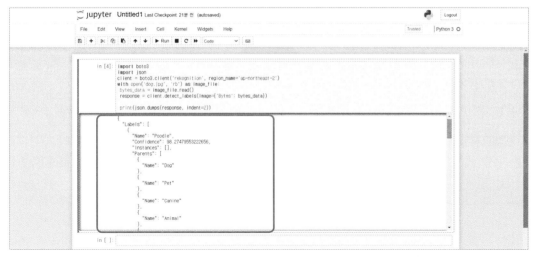

```
In [4]:  import boto3
         import json
         client = boto3.client('rekognition', region_name='ap-northeast-2')
         with open('dog.jpg', 'rb') as image_file:
             bytes_data = image_file.read()
             response = client.detect_labels(Image={'Bytes': bytes_data})

         print(json.dumps(response, indent=2))
```

```json
{
    "Labels": [
        {
            "Name": "Poodle",
            "Confidence": 98.27479553222656,
            "Instances": [],
            "Parents": [
                {
                    "Name": "Dog"
                },
                {
                    "Name": "Pet"
                },
                {
                    "Name": "Canine"
                },
                {
                    "Name": "Animal"
                },
```

그림 3-3-2 이미지 인식 실행 결과

    실행 결과를 보면 다양한 출력이 이루어지고 있습니다. 먼저 이 이미지에 붙여진 라벨 (Labels)을 보면 처음에 Poodle이라는 값이 있습니다. 즉, 이 이미지에 푸들(Poodle)이 찍혀 있 다고 인식하고 있습니다. Confidence 수치는 확신하는 정도를 나타내고 있으며, 동물이 찍혔다 는 인식 결과에 어느 정도의 확신을 가지고 있는지 알 수 있습니다. 0 ~ 100의 값으로, 수치가 높을수록 확신도가 높기 때문에 98.2라는 값은 상당히 높은 정확도라고 할 수 있습니다.

    다음으로 Parents라고 하는 속성에 Pet이라고 하는 값이 들어 있습니다. 라벨의 포함관계로 애완동물(Pet) 중에서도 푸들(Poodle)이라는 의미입니다.

```json
    },
    {
        "Name": "Dog",
        "Confidence": 98.27479553222656,
        "Instances": [
            {
                "BoundingBox": {
                    "Width": 0.9420185685157776,
                    "Height": 0.941689133644104,
                    "Left": 0.03292757645249367,
                    "Top": 0.05670313164591789
                },
                "Confidence": 97.72248077392578
            }
        ],
        "Parents": [
            {
                "Name": "Pet"
            },
            {
```

그림 3-3-3 이미지 인식 실행 결과 (계속)

라벨을 확인해보면 개(Dog)라고 하는 값도 발견됩니다. 일부 라벨에는 Instances 속성에 물건(여기서는 개)이 찍혀 있는 이미지 영역이 BoundingBox 값으로 포함되어 있습니다. BoundingBox 값이 출력되어 있는 경우는 해당 영역에 대한 확신도(Confidence)가 라벨 부착 확신도와는 별도로 출력됩니다.

그 밖에도 다양한 라벨이 붙어 있지만, 그것들에 대해서는 여러분이 실제로 인식시킨 이미지로 보는 것이 좋을 것입니다.

3.3.3 이미지를 이용한 얼굴 인식

다음은 얼굴 인식을 수행해 보겠습니다. 인식시키는 이미지는 그림 3-3-4의 이미지(persons. jpg)입니다.

그림 3-3-4 얼굴을 인식시키는 이미지(persons.jpg)

노트북의 다음 셀에서 아래 코드를 실행해 보세요.

```python
import boto3
import json

client = boto3.client('rekognition', region_name='ap-northeast-2')

with open('persons.jpg', 'rb') as image_file:
  bytes_data = image_file.read()
  response = client.detect_faces(Image={'Bytes': bytes_data}, Attributes=['ALL'])

print(json.dumps(response, indent=2))
```

코드의 대부분은 앞서 사물 인식의 경우와 동일하지만, 얼굴 인식의 경우에는 detect_faces()를 사용합니다. 또한 인수로서 Attributes 값으로 ALL이나 DEFAULT 중 하나를 지정합니다. DEFAULT에서는 얼굴의 위치, 얼굴의 눈, 귀의 위치가 결과가 됩니다. 한편 ALL에서는 연령이나 웃는 얼굴인지 아닌지 여부 등 다양한 항목까지 인식합니다. 또한, 1장의 이미지에 여러 사람이 찍혀 있는 경우에는 100명까지 인식됩니다. 100명 이상의 사람이 찍혀 있는 경우에는 이미지상에 크게 찍혀 있는 사람이 우선적으로 인식됩니다.

```
In [7]:  import boto3
         import json

         client = boto3.client('rekognition',region_name='ap-northeast-2')

         with open('persons.jpg','rb') as image_file :
          bytes_data = image_file.read()
          response = client.detect_faces(Image={'Bytes':bytes_data}, Attributes=['ALL'])

         print(json.dumps(response, indent=2))
```

```json
{
  "FaceDetails": [
    {
      "BoundingBox": {
        "Width": 0.12800343334674835,
        "Height": 0.34513917565345764,
        "Left": 0.3633991777896881,
        "Top": 0.09118498116731644
      },
      "AgeRange": {
        "Low": 22,
        "High": 34
      },
      "Smile": {
        "Value": true,
        "Confidence": 51.96726989746094
```

그림 3-3-5 얼굴 인식 실행 결과

실행 결과를 볼까요? 앞서 말한 것처럼 여러 사람이 찍혀 있어도 인식할 수 있기 때문에 Face Details 값은 배열로 되어 있습니다. 이번에는 두 사람이 찍혀 있기 때문에 배열 수는 두 개입니다. 내용물을 살펴보면 BoundingBox 속성으로 얼굴이 찍힌 위치를 나타내고 있습니다. 그림 3-3-5에는 표시되어 있지 않지만 Landmarks 속성에는 오른쪽 눈, 왼쪽 눈, 입, 코와 같이 얼굴 부분에 대한 위치가 인식되어 있습니다. 또, 이번에는 호출 시의 Attributes 인수로 ALL을 지정했기 때문에 다양한 항목이 인식되고 있습니다. FaceDetails의 첫 번째 인식 결과는 이미지의 좌측 남성(필자)입니다. 연령(Age Range)은 22~34세입니다. 실제로는 39세이므로 조금 낮은 연령대로 분석되었습니다. 또한 Smile은 true이므로 웃는 얼굴 사진이라고 할 수 있으며, 그 확신도(Confidence)는 51.96입니다. 확실하게 미소를 짓고 있는 얼굴 사진이지만, 강한 확신을 가지고 '웃는 얼굴'이라고 말할 수 있을 정도는 아니라고 할 수 있습니다.

COLUMN Custom Labels에 의한 독자적인 이미지 인식 모델 만들기

2019년 12월 Rekognition에 Custom Labels라는 서비스가 추가되었습니다. Custom Labels는 사용자가 본인이 가지고 있는 이미지 데이터를 학습 데이터로 삼아 독자적인 이미지 인식 모델을 생성할 수 있는 서비스입니다. 그때까지 Rekognition에는 AWS가 제공하는 학습이 완료된 모델을 이용하여 일반적인 물체의 라벨 부착 등을 할 수 있을 뿐이었는데 예를 들면, 사용자의 기업 등이 보유한 특수한 제품 이미지 등을 특유의 명칭으로 라벨을 부착할 수는 없었습니다. 따라서 AWS에서 일반적이지 않은 물체의 라벨 부착을 위해서는 AWS Deep Learning AMI 환경에서 TensorFlow와 같은 딥러닝용 프레임워크를 사용하여 이미지 인식 모델을 만들고 이미지를 이용한 학습을 해야만 했습니다. 하지만 Custom Labels를 사용하면 그런 난이도 높은 작업을 할 필요가 없으며, Rekognition 콘솔에서 조작하거나 API를 호출하는 것으로 모델 학습을 할 수 있습니다.

이와 같이 API를 통해 독자적으로 이미지를 인식하는 모델을 만드는 것과 관련해서 IBM Watson이나 Microsoft Azure가 이미 서비스를 제공하고 있으며, AWS는 선행 사업 서비스를 따라잡은 형태라 할 수 있습니다. Custom Labels에서는 모델을 만들고 사용하는 API뿐만 아니라 모델의 정확도를 평가하는 API도 제공되는 등 충실하게 기능이 제공되고 있는 상태입니다.

3.4

Amazon Comprehend

3.4.1 Amazon Comprehend란?

Amazon Comprehend(이하 Comprehend[8])는 자연어 텍스트(Text)에서 다양한 정보를 추출하기 위한 서비스입니다. 예를 들면, 그 텍스트가 한국어인지 영어인지 확인하는 것이나 텍스트에 포함되는 핵심 문구(Key Phrase) 등을 추출합니다. Comprehend에서 할 수 있는 일들은 아래와 같습니다.

- 자연어 식별(한국어인지 영어인지 확인 등)
- 핵심 문구 추출
- 장소, 인물, 브랜드, 이벤트와 같은 엔티티(Entity) 추출
- 감정(Sentiment) 추출(긍정적인가 부정적인가)

Comprehend에서는 추출할 수 있는 내용에 따라 지원 언어가 다릅니다. 한국어에는 자연어 식별과 Entity, Key Phrase, Sentiment가 추출됩니다.

여기서는 자연어 식별과 Entity 추출을 시도해 보겠습니다. Comprehend를 사용하기 전에 IAM에서 Comprehend에 대한 접근 권한을 사용자에게 부여해 주세요. 기존 정책에서 [ComprehendFullAccess]를 부여해 두는 것이 좋습니다.

---

8 https://aws.amazon.com/ko/comprehend/

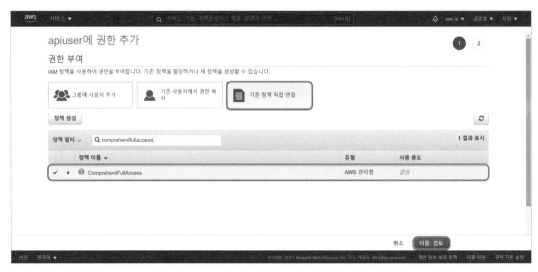

그림 3-4-1 Comprehend 접근 권한 부여

3.4.2 자연어 식별하기

먼저 자연어 식별을 실시합니다. 이 기능은 한국어도 지원하고 있기 때문에 [귀사의 기자가 기차로 귀사 했다]라는 텍스트를 식별해 보도록 하겠습니다. Jupyter Notebook 셀에서 아래 코드를 수행합니다.

```
import boto3
import json

client = boto3.client('comprehend', region_name='ap-northeast-2')

text = '귀사의 기자가 기차로 귀사 했다'

response = client.detect_dominant_language(Text=text)
print(json.dumps(response, indent=2))
```

자연어 식별은 detect_dominant_language()로 수행합니다. 인수 Text에는 식별하고자 하는 텍스트를 지정합니다. 실행 결과는 그림 3-4-2와 같습니다.

```
In [3]:  import boto3
         import json

         client = boto3.client('comprehend', region_name='ap-northeast-2')

         text = '귀사의 기자가 기차로 귀사 했다'

         response = client.detect_dominant_language(Text=text)
         print(json.dumps(response,indent=2))

         {
           "Languages": [
             {
               "LanguageCode": "ko",
               "Score": 0.7647058963775635
             }
           ],
```

그림 3-4-2 자연어 식별 실행 결과

인식 결과는 Languages 배열에 들어 있습니다. 이 문장에서는 ko(한국어)가 식별되어 있으며, 그 확신도 점수(Score)는 0.76으로 높은 값을 나타내고 있습니다. Comprehend가 한국어라고 확신하고 있는 것을 알 수 있습니다.

3.4.3 엔티티 추출하기

다음으로 엔티티를 추출해 보겠습니다. 예문으로 Amazon Comprehend 웹 사이트에 게재되어 있는 소개문[9]을 사용하겠습니다.

```
import boto3
import json

client = boto3.client('comprehend', region_name='ap-northeast-2')

text = 'Amazon Comprehend는 기계학습을 사용하여 텍스트 안에서 인사이트(Insight, 통찰)나
관계성을 검출하는 자연어처리(NLP) 서비스입니다. 기계학습 경험은 필요 없습니다.

구조화되지 않은 데이터에는 엄청난 보물이 숨겨져 있습니다. 고객 이메일, 지원 티켓(Support Tick-
et), 제품 리뷰, 소셜 미디어, 광고 카피가 비즈니스에 도움이 되는 고객 감정 인사이트를 나타냅니다.
문제는 그것을 어떻게 얻느냐 하는 것입니다. 이와 같이 기계학습은 방대한 사이즈의 텍스트 안에서 특정
한 관심 항목(애널리스트 리포트에서 회사 이름 찾기 등)을 정확하게 특정해 내는 것에 특히 뛰어나며,
언어 속에 숨겨진 감정(부정적인 리뷰 및 고객 서비스 에이전트와 고객의 적극적인 거래 특징)을 거의
무한한 규모로 학습할 수 있습니다 '

response = client.detect_entities(Text=text, LanguageCode='ko')
print(json.dumps(response, indent=2, ensure_ascii=False))
```

---

9 AWS 사이트에 있는 Comprehend 설명 첫머리에 있는 텍스트입니다(https://aws.amazon.com/ko/comprehend/).

3.4 Amazon Comprehend **085**

실행하는 코드는 이러한 것입니다. 엔티티 추출에는 detect_entities()를 사용합니다. 추출하고자 하는 텍스트를 Text 인수로 지정하며 언어를 LanguageCode로 지정합니다. 여기서는 한국어 Text이기 때문에 ko를 지정했습니다.

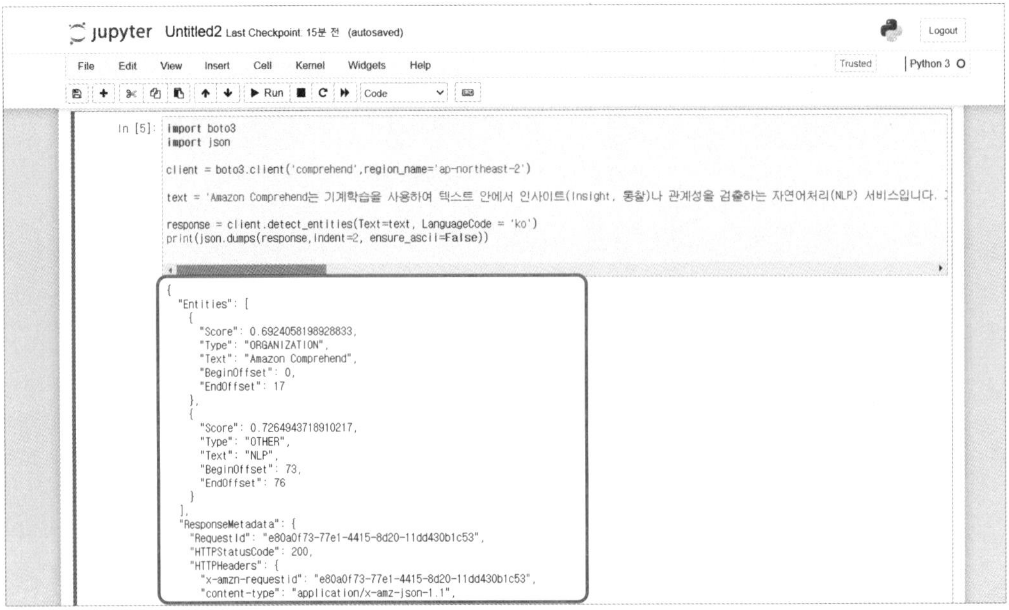

그림 3-4-3 엔티티 추출 실행 결과

실행 결과는 그림 3-4-3과 같습니다. 'Amazon Comprehend', 'OTHER', 'NLP'와 같은 엔티티가 추출되며 'Amazon Comprehend'는 조직(ORGANIZATION)임을 함께 나타냅니다. 또한 각각의 추출 결과에 대한 확신도(Score)와 텍스트상의 위치(BeginOffset과 EndOffset)가 결과에 포함되어 있습니다. 이처럼 Comprehend에서는 텍스트에서 다양한 정보를 추출할 수 있습니다. Comprehend를 실제 서비스나 시스템에 적용하면 인간이 텍스트를 모두 읽지 않고 필요한 정보가 포함된 텍스트만 읽는 것과 같은 기능을 실현할 수 있을 것입니다. 그리고 트위터 또는 Instagram 등 SNS상에 글을 올려 자사 상품에 대한 평가를 판단할 수도 있습니다.

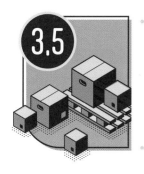

Amazon Textract

3.5.1 Amazon Textract란?

Amazon Textract(이하 Textract[10])는 서류 등을 촬영한 JPEG 형식 또는 PNG 형식의 이미지에서 텍스트 등의 데이터를 추출하는 서비스입니다. 단순히 문자를 인식할 뿐만 아니라 정형 서류 폼에서 필드를 인식하고 거기에 기재된 값이나 테이블(표 구성)을 인식해 그 값을 추출할 수 있습니다. 또, 추출된 텍스트가 기재되어 있는 이미지상의 좌표 데이터도 획득할 수 있습니다.

보통 폼에서 필드를 인식하기 위해서는 좌표 데이터 등을 미리 설정해 놓아야 하지만 Textract에서는 이미 훈련된 기계학습 모델이 제공되기 때문에 사전 준비가 필요 없습니다. 촬영된 이미지는 Base64 형식의 인코딩 과정을 통해 Textract API의 파라미터로 전달되며, S3 버킷에 파일로 저장됩니다. 획득된 데이터는 JSON 형식의 리턴(Return)값을 나타냅니다.

Textract를 사용하기 위해서는 IAM에서 접근 권한을 부여해 두어야 합니다. 기본 정책에서 [AmazonTextractFullAccess]를 선택하여 권한을 부여해 둡시다. 또한 여기서는 S3에 존재하는 파일을 사용하여 Textract 동작을 확인하므로 [AmazonS3FullAccess] 정책도 권한으로 부여하도록 하겠습니다.

---

10 https://aws.amazon.com/ko/textract/

그림 3-5-1 Textract에 대한 접근 권한 부여

3.5.2 영어 서류 이미지에서 데이터 획득하기

여기서는 그림 3-5-2와 같이 영어로 된 서류 이미지에 손으로 쓴 글씨가 섞여 있는 서류를 가지고 텍스트 등의 데이터를 획득해 보겠습니다. 참고로 Textract는 한국어 관련한 서비스를 제공하고 있습니다.

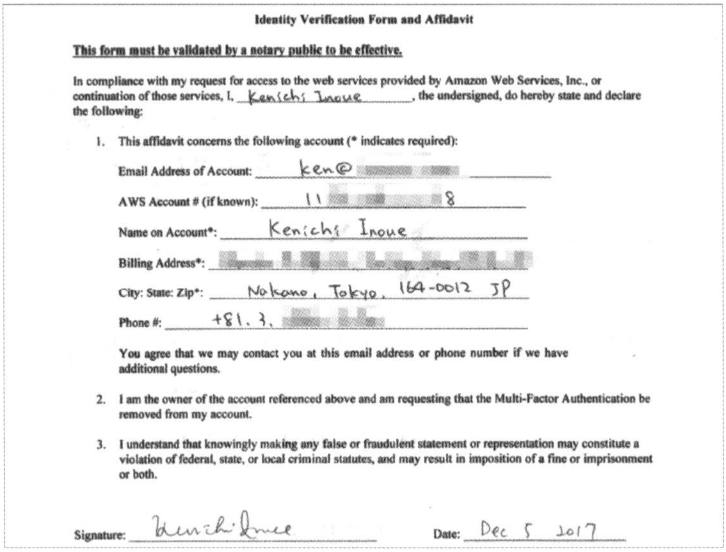

그림 3-5-2 Textract에 인식시키는 서류

Notebook으로 아래와 같은 코드를 수행합니다. SDK에서는 텍스트 등의 데이터를 획득하기 위한 analyze_document()가 준비되어 있습니다. 서류 이미지는 인수 Document로 지정하고 S3상의 파일을 지정하는 경우는 S3Object라는 KEY로 값을 설정합니다. 또한 FeatureTypes에는 배열을 설정한 후 폼(Form)을 인식시킬 경우는 FORMS, 테이블을 인식시킬 경우는 TABLES라는 문자열을 지정합니다.

```python
import boto3
import json

client = boto3.client('textract', region_name='ap-northeast-2')

response = client.analyze_document(
  Document={
    'S3Object': {
      'Bucket': '<저장 장소인 S3 버킷명>',
      'Name': '<저장 장소인 S3 오브젝트 이름>',
      #'Version': '<S3로 버전을 관리하는 경우는 버전 값>'
    }
  },
  FeatureTypes=[<폼을 인식시키는 경우 FORMS, 테이블 인식시키는 경우 TABLES>]
)

print(json.dumps(response, indent=2))
```

실제 실행하는 스크립트는 다음과 같습니다.

스크립트 실행 전에, S3 버킷에 text 이미지 파일을 업로드해야 합니다.

```python
import boto3
import json

client = boto3.client('textract', region_name='ap-northeast-2')

response = client.analyze_document(
  Document={
    'S3Object':{
      'Bucket':'awsai          ',
      'Name':'text_handwriting.jpg',
      #'Version':'<S3로 버전을 관리하는 경우는 버전 값>'
    }
```

```
  },
  FeatureTypes=['FORMS']
)
print(json.dumps(response, indent=2))
```

실행 결과는 그림 3-5-3과 같습니다.

```
client = boto3.client('textract', region_name='ap-northeast-2')

response = client.analyze_document(
Document={
  'S3Object':{
    'Bucket':'awsai              ',
    'Name':'text_handwriting.jpg',
    #'Version':'<S3로 버전을 관리하는 경우는 버전 값>'
  }
},
FeatureTypes=['FORMS']
)
print(json.dumps(response, indent=2))
        "BlockType": "LINE",
        "Confidence": 99.88021850585938,
        "Text": "Identity Verification Form and Affidavit",
        "Geometry": {
          "BoundingBox": {
            "Width": 0.3018471300601959,
            "Height": 0.02612752467393875,
            "Left": 0.3542330265045166,
            "Top": 0.01686895079910755
          },
          "Polygon": [
            {
              "X": 0.3542330265045166,
              "Y": 0.01686895079910755
            },
            {
              "X": 0.6560801267623901,
              "Y": 0.01686895079910755
            },
```

그림 3-5-3 서류 이미지에서 데이터를 획득

데이터는 JSON 데이터로써 획득됩니다. 먼저 서류 이미지의 요소는 블록으로 인식되고 Blocks라는 요소의 값으로 배열이 세팅됩니다. 블록에는 PAGE나 LINE과 같은 종류(블록 타입)가 있습니다. 처음에는 PAGE라는 종별 블록이 있고 그 영역은 Geometry 값이 됩니다. 블록의 부모 자녀(Parent Child) 관계도 인식되고 있으며 Relationships 값으로 블록 ID가 세팅됩니다. 이 PAGE 블록에는 많은 아이(Child) 블록이 세팅됩니다.

그림 3-5-2 서류 이미지의 타이틀 부분("Identity Verification Form and Affidavit")의 문자열이 그림 3-5-3 출력을 보면 LINE 블록으로 인식되어 Text 값에 세팅되어 있는 것을 알 수 있습니다. 이미지의 문자를 텍스트로, 어느 정도 확신도로 인식할 수 있었는지는 Confidence 값

으로 세팅됩니다. Confidence는 0~100의 값으로, 수치가 클수록 확신도가 높아지고 올바르게 인식될 가능성이 높습니다. LINE 블록에도 PAGE 블록과 마찬가지로 Geometry 값이 세팅되기 때문에 문자열이 서류 이미지의 어디에 적혀 있는지 좌표를 알 수 있습니다.

이와 같이 Textract에서는 서류 이미지로부터 손글씨를 포함한 텍스트와 그 텍스트가 기재되어 있던 영역을 쉽게 추출할 수 있습니다. 종이 서류가 사용되는 사무환경에서는 특히 필요성이 높은 서비스입니다.

Amazon Translate

3.6.1 Amazon Translate란?

Amazon Translate(이하 Translate[11])는 말 그대로 자연어를 번역하는 서비스입니다. 50개가 넘는 언어로 서비스되고 있으며, 당연히 한국어도 사용할 수 있습니다. 한국어는 번역 대상이 되는 소스(Source) 언어 또는 번역된 결과인 타깃(Target) 언어로도 Translate가 지원하는 모든 언어들과 번역이 가능합니다.

    Translate에는 커스텀(Custom) 용어라는 기능이 있습니다. 표준 번역 기능으로는 지원하지 않는 특정 브랜드(Brand)명이나 캐릭터(Character)명 같은 독자적인 용어를 커스텀 용어로 미리 지정해 두면 지정되어 있는 대로 번역할 수 있습니다.

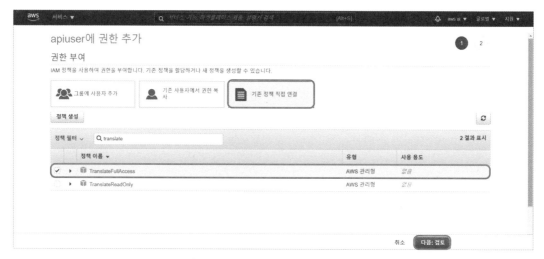

그림 3-6-1 Translate에 대한 접근 권한 부여

    여기에서는 우선, 표준(커스텀 용어를 사용하지 않는) 번역을 실시하고 그 후에 커스텀 용어를 사용한 번역을 실시합니다. 그리고 이 두 개의 번역 결과가 어떤 차이가 나는지 시험해 보겠

---

11 https://aws.amazon.com/ko/translate/

습니다. 이전과 마찬가지로 미리 Translate에 접근 권한을 부여해 두도록 하겠습니다. 기본 정책에서 [TranslateFullAccess]를 부여합니다.

3.6.2 커스텀 용어를 사용하지 않는 번역

먼저 커스텀 용어를 사용하지 않고 번역해 보겠습니다. 번역에 사용하는 텍스트는 아래와 같습니다.

Sukiyaki is a song by Japanese crooner Kyu Sakamoto, first released in Japan in 1961. The song topped the charts in several countries, including on the Billboard Hot 100 in 1963. The song has grown to become one of the world's best-selling singles of all time, having sold over 13 million copies worldwide.

이것은 일본 가수 사카모토 큐(坂本九)가 부른 '위를 향해 걷자'의 영문판 Wikipedia 설명[12]을 조금 변경한 것입니다. 이 곡은 해외에서는 'Sukiyaki'라는 타이틀로 알려져 있습니다.

```python
import boto3
import json

client = boto3.client('translate', region_name='ap-northeast-2')

text = 'Sukiyaki is a song by Japanese crooner Kyu Sakamoto, first released
in Japan in 1961. The song topped the charts in several countries, includ-
ing on the Billboard Hot 100 in 1963. The song has grown to become one of the
world\'s best-selling singles of all time, having sold over 13 million copies
worldwide.'

response = client.translate_text(
  Text=text,
  SourceLanguageCode='en',
  TargetLanguageCode='ko'
)

print(json.dumps(response, ensure_ascii=False, indent=2))
```

12 https://en.wikipedia.org/wiki/Sukiyaki_(song)

Python SDK에서는 translate_text()를 사용해 Translate로 번역시킵니다. 번역하고자 하는 문장은 인수 Text로 지정하며, 소스 언어 코드(SourceLanguageCode)와 타깃 언어 코드(TragetLanguageCode)를 지정합니다. 영어 문장을 한국어로 번역하기 때문에 소스 언어 코드는 en, 타깃 언어 코드는 ko가 됩니다. 덧붙여 소스 언어 코드를 auto로 지정하면 Translate 하면서 자동적으로 언어가 식별됩니다.

```
In [5]: import boto3
        import json

        client = boto3.client('translate', region_name='ap-northeast-2')
        text = 'Sukiyaki is a song by Japanese crooner Kyu Sakamoto, first released in Japan in 1961. The song topped the charts in several count

        response = client.translate_text(
        Text=text,
        SourceLanguageCode='en',
        TargetLanguageCode='ko'
        )

        print(json.dumps(response,ensure_ascii=False,indent=2))

        {
            "TranslatedText": "스키야키는 1961년 일본에서 처음 발매된 일본어 크로너 규사카모토의 노래입니다.노래는 여러 국가에서 차트를 얻어, 빌
        보드 핫 포함 100 에서 1963.이 노래는 전 세계적으로 1300만 개 이상의 사본을 판매한 모든 시간의 세계 베스트 셀러 싱글 중 하나가 될 성장했
        다.",
            "SourceLanguageCode": "en",
            "TargetLanguageCode": "ko",
            "ResponseMetadata": {
                "RequestId": "6bd072c8-5dab-44ba-88d1-684b6fd820fe",
                "HTTPStatusCode": 200,
                "HTTPHeaders": {
                    "x-amzn-requestid": "6bd072c8-5dab-44ba-88d1-684b6fd820fe",
```

그림 3-6-2 Translate 실행 결과

실행 결과는 그림 3-6-2와 같으며 다음과 같은 문장으로 번역되었습니다.

스키야키는 1961년 일본에서 처음 발매된 일본어 크로너 규사카모토의 노래입니다. 노래는 여러 국가에서 차트를 얻어, 빌보드 핫 포함 100 에서 1963. 이 노래는 전 세계적으로 1300만 개 이상의 사본을 판매한 모든 시간의 세계 베스트 셀러 싱글 중 하나가 될 성장했다.

한국어로서 조금 이상한 점도 있지만, 문장의 뜻은 올바르게 이해할 수 있는 번역 결과라고 할 수 있습니다. 곡 제목은 그대로 '스키야키'로 되어 있습니다. 제대로 표기되어 있으며 요리인 스키야키와 혼동되지 않고 있습니다.[13]

---

13 번역 결과는 API 버전에 따라 다르기 때문에 여기에 게재한 번역 결과와 다를 수 있습니다.

3.6.3 커스텀 용어를 사용한 번역

앞에 절의 번역 결과에서 신경이 쓰이는 것은 '스키야키'라는 제목입니다. 일본에서는 '위를 향해 걷자'로 알려져 있기 때문에 번역 결과도 그렇게 나오도록 하고 싶습니다. 따라서 커스텀 용어를 사용한 번역을 시도해 보도록 하겠습니다.

커스텀 용어는 CSV 형식의 파일이나 XML 형식의 TMX(Translation Memory eXchange) 파일로 정의합니다. CSV 형식의 파일로 정의할 경우 아래와 같은 포맷의 파일을 만들게 됩니다.[14] 여기서는 my_terminology.csv라는 파일명으로 UTF-8 형식의 텍스트 파일로 저장했습니다. 파일의 첫 번째 줄에 언어 코드를 세팅합니다. 그리고 두 번째 줄 이후에는 첫 번째 줄의 언어 코드에 따라 커스텀 용어를 정의합니다. 또한 첫 번째 열에는 소스 언어, 두 번째 칸 이후에는 타깃 언어를 지정합니다. 타깃 언어로 2개 이상의 언어를 지정할 수 있습니다.

```
en,ko
Sukiyaki,위를 향해 걷자
```

커스텀 용어 CSV 파일을 저장하면 import_terminology()를 사용하여 Translate로 Import 합니다. 인수에는 Name으로 Import할 커스텀 언어 이름을 붙이고 MergeStrategy에는 동일한 Name으로 덮어쓰기 위해 OVERWRITE를 지정합니다(본서 집필 시점에서는 OVERWRITE 이외 MergeStrategy를 지원하지 않습니다). 또한, 작성된 CSV 파일은 바이트 데이터로서 읽어 들여 TerminologyData로 지정합니다.

```
import boto3
import json

client = boto3.client('translate', region_name='ap-northeast-2')

with open('my_terminology.csv', 'rb') as mt:
  bytes_data = mt.read()
  response = client.import_terminology(
    Name-'my_torminology',
    MergeStrategy='OVERWRITE',
```

---

14 CSV 데이터이므로 콤마 전후에 공간을 넣지 않도록 합시다. 특히 1행째의 언어 코드 지정으로 공백이 들어가면 지원하지 않는 언어 코드로 간주되어 에러가 됩니다.

```
    TerminologyData={
        'File': bytes_data,
        'Format': 'CSV'
    }
  )
print(response)
```

실행 결과는 그림 3-6-3과 같습니다.

```
In [8]:  import boto3
         import json

         client = boto3.client('translate',region_name='ap-northeast-2')

         with open('my_terminology.csv','rb') as mt:
           bytes_data = mt.read()
           response = client.import_terminology(
             Name='my_terminology',
             MergeStrategy='OVERWRITE',
             TerminologyData={
               'File':bytes_data,
               'Format':'CSV'
             }
           )

           print(response)

{'TerminologyProperties': {'Name': 'my_terminology', 'Arn': 'arn:aws:translate:ap-northeast-2:741567365086:terminology/my_terminology/L
ATEST', 'SourceLanguageCode': 'en', 'TargetLanguageCodes': ['ko'], 'SizeBytes': 38, 'TermCount': 1, 'CreatedAt': datetime.datetime(202
```

그림 3-6-3 커스텀 언어 Import

Import된 커스텀 언어는 list_terminologies()에서 확인할 수 있습니다.

```
print(client.list_terminologies())
```

실행 결과는 그림 3-6-4와 같습니다.

```
In [9]:  print(client.list_terminologies())

{'TerminologyPropertiesList': [{'Name': 'my_terminology', 'Arn': 'arn:aws:translate:ap-northeast-2:741567365086:terminology/my_terminol
ogy/LATEST', 'SourceLanguageCode': 'en', 'TargetLanguageCodes': ['ko'], 'SizeBytes': 38, 'TermCount': 1, 'CreatedAt': datetime.datetime
(2021, 5, 23, 20, 37, 44, 11000, tzinfo=tzlocal()), 'LastUpdatedAt': datetime.datetime(2021, 5, 23, 20, 37, 44, 102000, tzinfo=tzlocal
())}], 'ResponseMetadata': {'RequestId': '7305101e-af60-40ad-b8b1-0a60a59c6d40', 'HTTPStatusCode': 200, 'HTTPHeaders': {'x-amzn-request
id': '7305101e-af60-40ad-b8b1-0a60a59c6d40', 'content-type': 'application/x-amz-json-1.1', 'content-length': '291', 'date': 'Sun, 23 Ma
y 2021 11:39:18 GMT'}, 'RetryAttempts': 0}}
```

그림 3-6-4 Import 완료된 커스텀 언어 표시

그럼, Import한 커스텀 언어를 사용해서 번역을 시도해 보도록 하겠습니다. 사용하는 방법은 조금 전과 동일하게 translate_text() 인수에 TerminologyNames를 추가하고 커스텀 언어의 Name을 배열로 세팅합니다.

```
text = 'Sukiyaki is a song by Japanese crooner Kyu Sakamoto, first released
in Japan in 1961. The song topped the charts in several countries, includ-
ing on the Billboard Hot 100 in 1963. The song has grown to become one of the
world\'s best-selling singles of all time, having sold over 13 million copies
worldwide.'

response = client.translate_text(
    Text=text,
    TerminologyNames=['my_terminology'],
    SourceLanguageCode='en',
    TargetLanguageCode='ko'
)
print(json.dumps(response, ensure_ascii=False, indent=2))
```

실행 결과는 그림 3-6-5와 같습니다. 아까는 '스키야키'라고 번역이 되었던 부분이 '위를 향해 걷자'라고 바뀐 것을 알 수 있습니다.

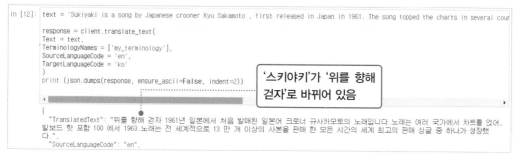

그림 3-6-5 커스텀 언어를 사용한 번역 결과

Amazon Transcribe

3.7.1 Amazon Transcribe란?

Amazon Transcribe(이하 Transcribe[15])는 음성을 인식하여 텍스트로 변환하는 서비스입니다. FLAC, MP3, MP4, WAV 중에서 하나의 형식으로 최장 2시간 분량의 음성 파일을 사용할 수 있습니다. 기존에 소개했던 다른 서비스와 달리 동기형으로 처리할 수 없어서 모두 비동기형[16]으로 처리됩니다. 음성 파일은 미리 S3에 업로드해 두고 그 URL을 Transcribe 호출 시에 지정합니다.

그림 3-7-1 Transcribe에 대한 접근 권한 부여

---

15 https://aws.amazon.com/ko/transcribe/

16 어떤 처리를 호출하여 제어가 돌아왔을 때 처리가 완료되어 결과를 얻을 수 있는 처리를 동기 처리라고 합니다. 반대로 제어가 돌아와도 처리 자체가 끝난 것이 아니어서 처리 결과는 따로 취득할 필요가 있는 처리를 비동기 처리라고 합니다. 비동기 처리는 시간이 소요되는 처리를 할 때 많이 사용됩니다.

Transcribe에서는 음성을 텍스트로 변환할 뿐만 아니라 화자(話者)를 식별할 수도 있습니다. 또한 커스텀 어휘를 설정해서 특수한 용어를 정확하게 변환하는 것도 가능합니다. 영어나 프랑스어 외에 한국어도 대응하고 있습니다.

미리 Transcribe 접근 권한을 부여합니다. 기본 정책에서 [AmazonTranscribeFullAccess]를 설정합니다. 또한 S3에 대한 접근 권한도 필요하기 때문에 '3.2.6 기존 사용자에게 권한 부여' 절을 참고하여 [AmazonS3FullAccess]를 부여해 둡니다.

3.7.2 한국어 음성 파일의 인식

여기서는 음성 파일을 인식시켜 보겠습니다. 직접 가지고 있는 음성 파일이 있으면 그것을 사용하여 시도해 보세요. 갖고 있지 않다면, Windows 10에서는 기본으로 제공되고 있는 보이스 레코더를 이용하고 macOS에서는 QuickTime Player를 이용해서 자신의 목소리 등을 녹음해 보는 것이 좋습니다.

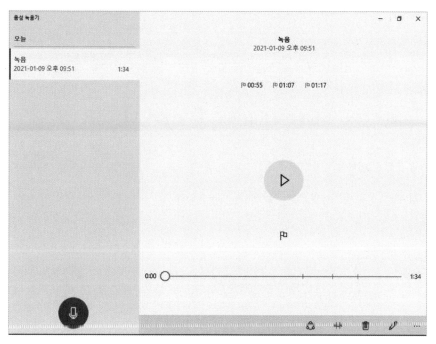

그림 3-7-2 Windows 10 보이스 레코더로 녹음

적당한 음성 파일이 준비되었다면 S3에 업로드합니다. Transcribe에서 사용하는 음성 파일은 Transcribe가 가동되고 있는 리전과 동일한 리전의 S3 버킷에 있어야 합니다. Transcribe는 서울 리전(ap-northeast-2)에서도 제공되고 있으므로 S3 버킷도 서울 리전에 준비합니다.

그림 3-7-3 S3 버킷 만들기

음성 파일이 S3에 업로드되면 신규 Notebook을 만들어 다음 페이지에 있는 코드를 수행합니다. Transcribe 클라이언트를 작성할 때 지역으로 ap-northeast-2를 지정하고 있으니 주의해 주세요. S3 버킷 생성 시 설명했듯이 Transcribe 리전과 S3 버킷의 리전을 일치시켜 둘 필요가 있습니다.

Transcribe에서 음성 인식을 수행하려면 start_transcription_job()을 사용합니다. 인수는 TranscriptionJobName에 적당한 작업(Job) 이름을 지정합니다. 작업 이름은 1개의 AWS 어카운트에서 중복될 수 없기 때문에 주의가 필요합니다. LanguageCode는 음성 파일의 언어 코드입니다. 이번에는 한국어로 저장된 음성을 사용하므로, ko-KR을 지정했습니다. Media Format은 mp3 / mp4 / wav / flac 중 어느 하나를 지정합니다. Windows 10의 보이스 레코더로 녹음한 음성 파일의 확장자는 m4a로 되어 있지만, MediaFormat에는 mp4를 지정해 주세요. 마지막으로 Media 인수를 통해 사전 형태 값을 설정하고 그 안의 MediaFileUri에 음성 파일인 S3의 오브젝트 URL을 지정합니다. 또한 이 인수로 OutputBucketName을 지정함으로써 처리 결과를 지정한 버킷에 저장할 수도 있습니다.

```
import boto3
import json

client = boto3.client('transcribe', region_name='ap-northeast-2')

response = client.start_transcription_job(
  TranscriptionJobName='<JOB이름>',
  LanguageCode='ko-KR',
  MediaFormat='<mp3 / mp4 / wav / flac 중 하나>',
  Media={
    'MediaFileUri': '<음성 파일의 오브젝트 URL>'
  }
)

print(response)
```

실행 결과는 그림 3-7-4와 같습니다.

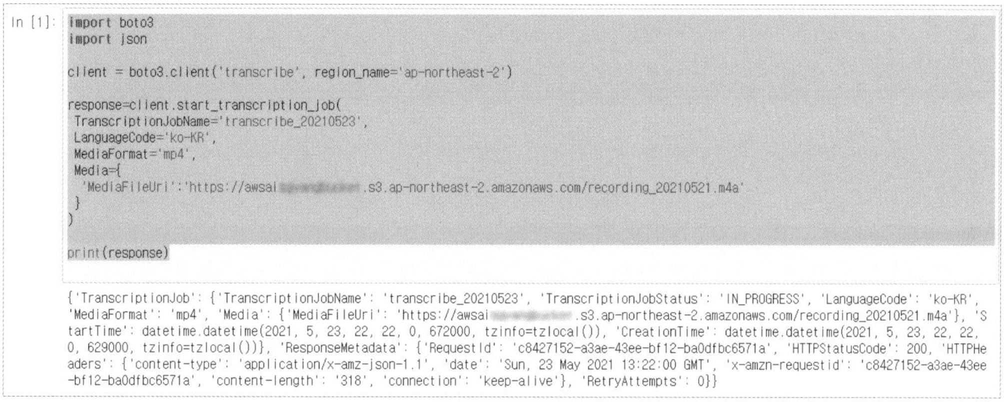

```
In [1]: import boto3
        import json

        client = boto3.client('transcribe', region_name='ap-northeast-2')

        response=client.start_transcription_job(
          TranscriptionJobName='transcribe_20210523',
          LanguageCode='ko-KR',
          MediaFormat='mp4',
          Media={
            'MediaFileUri':'https://awsai          .s3.ap-northeast-2.amazonaws.com/recording_20210521.m4a'
          }
        )

        print(response)
```

{'TranscriptionJob': {'TranscriptionJobName': 'transcribe_20210523', 'TranscriptionJobStatus': 'IN_PROGRESS', 'LanguageCode': 'ko-KR', 'MediaFormat': 'mp4', 'Media': {'MediaFileUri': 'https://awsai   .s3.ap-northeast-2.amazonaws.com/recording_20210521.m4a'}, 'StartTime': datetime.datetime(2021, 5, 23, 22, 22, 0, 672000, tzinfo=tzlocal()), 'CreationTime': datetime.datetime(2021, 5, 23, 22, 22, 0, 629000, tzinfo=tzlocal())}, 'ResponseMetadata': {'RequestId': 'c8427152-a3ae-43ee-bf12-ba0dfbc6571a', 'HTTPStatusCode': 200, 'HTTPHeaders': {'content-type': 'application/x-amz-json-1.1', 'date': 'Sun, 23 May 2021 13:22:00 GMT', 'x-amzn-requestid': 'c8427152-a3ae-43ee-bf12-ba0dfbc6571a', 'content-length': '318', 'connection': 'keep-alive'}, 'RetryAttempts': 0}}

그림 3-7-4 음성 인식 실행

본 장에서 지금까지 소개했던 서비스들과 달리, 음성 인식의 결과가 곧바로 돌아오는 것은 아닙니다. 그 대신 TranscriptionJobStatus로 IN_PROGRESS가 설정되었고 이것은 음성 인식 작업 상태가 진행중인 것을 나타냅니다.

이와 같이 Transcribe에 의한 음성 인식 처리는 비동기로 이루어집니다. 처리가 완료되었는지 여부는 get_transcription_job()을 함으로써 확인할 수 있습니다. 인수 TranscriptionJobName에는 start_transcription_job() 실행 시에 세팅한 것과 같은 값을 지정합니다.

```
response = client.get_transcription_job(
    TranscriptionJobName='<Job명>'
)
print(response)
```

같은 Notebook의 다음 셀에 위의 코드를 입력하고 잠시 기다렸다가 실행하면 그림 3-7-5와 같이 TranscriptionJobStatus가 COMPLETED로 됩니다. 처리가 완료되면 음성 인식 결과에 액세스하기 위한 URL(TranscriptFileUri)이 발행됩니다.

```
In [2]: response = client.get_transcription_job(
        TranscriptionJobName = 'transcribe_20210523',
        )
        print(response)

{'TranscriptionJob': {'TranscriptionJobName': 'transcribe_20210523', 'TranscriptionJobStatus': 'COMPLETED', 'LanguageCode': 'ko-KR', 'M
ediaSampleRateHertz': 44100, 'MediaFormat': 'mp4', 'Media': {'MediaFileUri': 'https://awsai           .s3.ap-northeast-2.amazonaws.co
m/recording_20210521.m4a'}, 'Transcript': {'TranscriptFileUri': 'https://s3.ap-northeast-2.amazonaws.com/aws-transcribe-ap-northeast-2-
prod/741567365086/transcribe_20210523/b865faaa-e3bf-4c2c-8c18-b0cd564246ee/asrOutput.json?X-Amz-Security-Token=IQoJb3JpZ2luX2VjEDOaDmFw

b83e217fd30239301a330aa5bee9cdaf244399ac929c88bd74ebfb499'}, 'StartTime': datetime.datetime(2021, 5, 23, 22, 22, 0, 672000, tzinfo=tzlo
cal()), 'CreationTime': datetime.datetime(2021, 5, 23, 22, 22, 0, 629000, tzinfo=tzlocal()), 'CompletionTime': datetime.datetime(2021,
5, 23, 22, 22, 18, 784000, tzinfo=tzlocal()), 'Settings': {'ChannelIdentification': False, 'ShowAlternatives': False}}, 'ResponseMetada
ta': {'RequestId': '8a2a7683-f704-4441-9907-225b5ae7ce8f', 'HTTPStatusCode': 200, 'HTTPHeaders': {'content-type': 'application/x-amz-js
on-1.1', 'date': 'Sun, 23 May 2021 13:24:58 GMT', 'x-amzn-requestid': '8a2a7683-f704-4441-9907-225b5ae7ce8f', 'content-length': '2097',
'connection': 'keep-alive'}, 'RetryAttempts': 0}}
```

그림 3-7-5 음성 인식 처리 완료

음성 인식 결과를 참조해 봅시다. 여기서는 Python 코드를 Notebook에서 실행하는 것을 참조하고 있지만, TranscriptFileUri에는 접근 인증에 필요한 토큰(X-Amz-Security-Token)이 URL 파라미터로 포함되어 있으므로 웹 브라우저 등을 통해 직접 접속할 수도 있습니다.

```
import urllib.request

r = urllib.request.urlopen(response['TranscriptionJob']['Transcript']
['TranscriptFileUri'])
json_data = json.loads(r.read())
print(json.dumps(json_data, indent=2, ensure_ascii=False))
```

그림 3-7-6과 같이 음성 인식 결과는 JSON 형식의 파일로 되어 있습니다. 여기에서는 transcript 값으로서 음성 인식 결과가 설정되어 있습니다.

```
In [4]:   import urllib.request

          r = urllib.request.urlopen(response ['TranscriptionJob']['Transcript']
          ['TranscriptFileUri'])
          json_data = json.loads(r.read())
          print(json.dumps(json_data, indent=2, ensure_ascii = False ))

          {
            "jobName": "transcribe_20210523",
            "accountId": "741567365086",
            "results": {
              "transcripts": [
                {
                  "transcript": "그러세요 너무 좋네요 테스트전화입니다 이만"
                }
              ],
              "items": [
                {
                  "start_time": "0.14",
                  "end_time": "0.59",
                  "alternatives": [
                    {
                      "confidence": "0.9993",
                      "content": "그러세요"
```

그림 3-7-6 음성 인식 결과 파일

3.8 Amazon Polly

3.8.1 Amazon Polly란?

Amazon Polly(이하 Polly[17])는 텍스트를 음성으로 변환하는 서비스입니다. 앞 절의 Transcribe 는 음성을 텍스트로 변환하는 서비스였는데 Polly는 그것과 반대의 작업을 수행합니다. 본서 집 필 시점에서 28개 언어로 서비스되고 있으며, 거기에는 한국어도 포함되어 있습니다. 또한 여러 언어는 남성 목소리와 여성 목소리 양쪽으로 변환이 가능하며 언어에 따라서는 남성, 여성 각각 여러 종류의 목소리가 제공되고 있습니다. 한국어의 경우는 여성 목소리인 Seoyeon이 제공되고 있습니다. 사람의 이름과 같이 목소리에 대한 식별자를 보이스 ID라고 합니다. 덧붙여 단어에 특 수한 발음이 있는 경우는 발음 렉시콘[18]을 사용하여 커스터마이즈할 수 있습니다.

변환된 음성은 S3의 버킷에 저장되거나 스트리밍 데이터로 획득할 수 있습니다. 여기에서는 S3 버킷에 저장하겠습니다. Polly를 사용하기 위해서는 IAM에서 접근 권한을 부여해 두어야 합니다. 기본 정책에서 [AmazonPollyFullAccess]를 선택하여 권한을 부여해 둡니다. 또한 음 성 파일의 저장 장소가 되는 S3에 대한 쓰기 권한도 필요합니다. '3.2.6 기존 사용자에게 권한 부여'를 참고하여 [AmazonS3FullAccess]를 부여해 둡니다.

---

17 https://aws.amazon.com/ko/polly/

18 예를 들어 IEEE라는 단어는 미국전기전자학회를 가리키며 '아이 트리플 이'라고 발음하지만 다른 의미로 '아이 이 이 이'라고 발음하는 것도 생 각할 수 있습니다. 이런 경우 발음 렉시콘을 사용하여 발음 방법을 컨트롤하는 것이 가능합니다. 자세한 내용은 https://docs.aws.amazon.com/ko_ kr/polly/latest/dg/managinglexicons.html를 참조하십시오.

그림 3-8-1 Polly에 대한 접근 권한 부여

3.8.2 한국어 텍스트를 음성으로 변환하기

Polly는 한국어를 지원하므로 한국어 텍스트를 음성 파일로 변환해 봅시다. Notebook에서 다음과 같은 코드를 수행합니다. SDK에서는 start_speech_synthesis_task()가 음성 파일로 변환을 실시하기 위해 준비되어 있습니다. 이것은 앞 절의 Transcribe와 마찬가지로 start_로부터 시작되는 함수로서 비동기로 처리가 이루어짐을 나타내고 있습니다. 인수인 OutputFormat은 mp3, ogg_vorbis, pcm 중 하나를 지정할 수 있습니다. OutputS3BucketName은 음성 파일을 보존하는 S3 버킷명으로, Polly 클라이언트를 작성할 때 지정한 것과 같은 리전에 있는 S3 버킷을 지정합니다.

음성으로 변환하고자 하는 텍스트는 인수로 Text를 지정하고 사용하는 음성(보이스 ID)은 VoiceId 값으로 지정합니다. 언어 코드(LanguageCode)를 인수로 지정할 수도 있지만, 지정한 보이스 ID가 이중언어(bilingual)가 아닌 경우라면 지정[19]할 필요는 없습니다.

---

19 Aditi라는 보이스 ID가 인도 영어와 힌디어 양쪽에 대응하는 이중언어로 제공되고 있습니다

```
import boto3
import json

client = boto3.client('polly', region_name='ap-northeast-2')

text = '안녕하세요. 저는 AmazonPolly 서연입니다.'

response = client.start_speech_synthesis_task(
    OutputFormat='<mp3 / ogg_vorbis / pcm 중 하나>',
    OutputS3BucketName='<저장 장소 S3버킷명>',
    Text=text,
    VoiceId='Seoyeon'
)

print(response)
```

실행 결과는 그림 3-8-2와 같습니다.

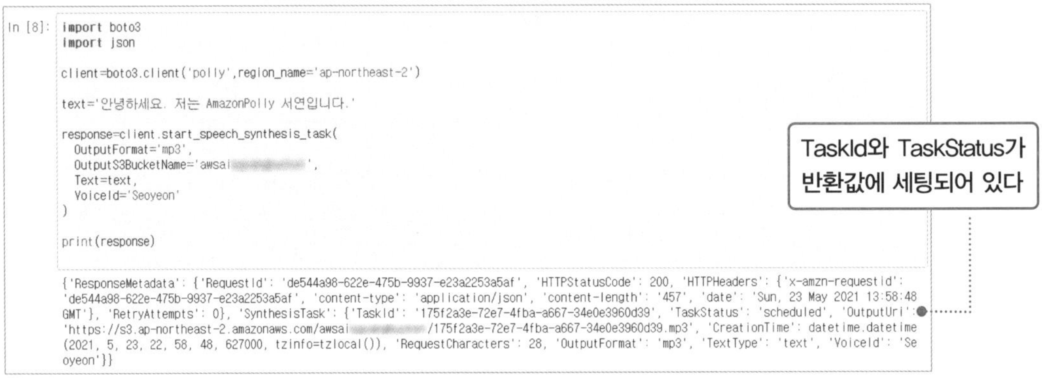

그림 3-8-2 음성 파일로의 변환

음성 파일로 변환할 경우 그 변환 처리는 태스크(TASK)로 비동기적으로 실행됩니다. 그래서 반환값에는 TaskId와 TaskStatus가 세팅되어 있습니다. TaskId는 자동으로 발급되며 Polly 에서 태스크 처리 현황을 확인하기 위해 사용합니다. 한편 TaskStatus는 태스크 처리 상황을 나타내는데, start_speech_synthesis_task()를 실행한 직후에는 scheduled되어 있습니다.

작업 처리 현황은 아래 코드로 확인할 수 있습니다.

```
r = client.get_speech_synthesis_task(TaskId=response['SynthesisTask']['TaskId'])
print(r)
```

처리가 완료되면 TaskStatus가 completed로 됩니다.

```
In [10]: r=client.get_speech_synthesis_task(TaskId=response['SynthesisTask']['TaskId'])
         print(r)

{'ResponseMetadata': {'RequestId': 'a550172d-09c9-4b97-898b-9fbe6b884fa1', 'HTTPStatusCode': 200, 'HTTPHeaders': {'x-amzn-requestid':
'a550172d-09c9-4b97-898b-9fbe6b884fa1', 'content-type': 'application/json', 'content-length': '457', 'date': 'Sun, 23 May 2021 14:02:1
2 GMT'}, 'RetryAttempts': 0}, 'SynthesisTask': {'TaskId': '175f2a3e-72e7-4fba-a667-34e0e3960d39', 'TaskStatus': 'completed', 'OutputUr
i': 'https://s3.ap-northeast-2.amazonaws.com/awsai         /175f2a3e-72e7-4fba-a667-34e0e3960d39.mp3', 'CreationTime': datetime.dat
etime(2021, 5, 23, 22, 58, 48, 627000, tzinfo=tzlocal()), 'RequestCharacters': 28, 'OutputFormat': 'mp3', 'TextType': 'text', 'Voicel
d': 'Seoyeon'}}
```

그림 3-8-3 처리 현황 확인

처리가 완료되었다면 음성 파일 저장 장소로 지정한 S3 버킷을 확인해 보겠습니다. start_speech_synthesis_task() 및 get_speech_synthesis_task() 반환값에 있는 OutputUri로 나타낸 파일이 저장되어 있을 것입니다.

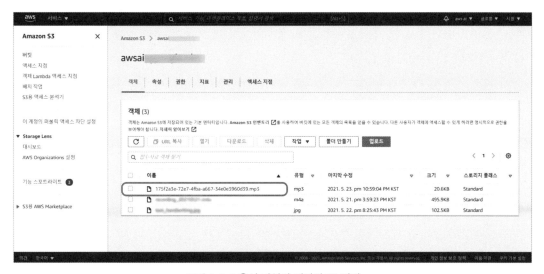

그림 3-8-4 음성 파일이 저장된 S3 버킷

저장된 음성 파일을 다운로드하고 재생하면 여성의 음성으로 '안녕하세요 저는 Amazon Polly 서연입니다'라고 말을 합니다. 책으로는 소리를 들을 수 없지만 여러분도 꼭 시도해보기 바랍니다.

Amazon Lex

3.9.1 Amazon Lex란?

Amazon Lex(이하 Lex[20])는 음성이나 텍스트를 이용하여 대화하는 형태의 인터페이스를 만드는 서비스입니다. 챗봇을 만들기 위한 서비스라고 하는 편이 더 알기 쉬울 것입니다. 아마존에는 Alexa라는 AI 어시스턴트가 존재하고 Amazon Echo 등의 스마트 스피커에 탑재되어 있습니다. Lex는 Alexa와 동일한 기술을 이용하여 개발되고 있습니다. 또한 Lex를 이용하여 Alexa용 스킬[21]을 개발할 수도 있습니다.

본서 집필 시점에 있어서 Lex는 한국어에 대한 서비스가 지원되고 있지 않습니다. 그렇기 때문에 여기서는 미리 준비되어 있는 Lex의 샘플 챗봇을 사용하면서 기능을 설명합니다.

3.9.2 챗봇을 구현하기 위한 기술

챗봇은 사용자와 컴퓨터간의 대화를 실현하기 위한 기술인데, 어떤 AI 기술이 적용되고 있을까요? 흔히 대화하는 것을 캐치볼이라고도 이야기합니다. 어떤 사람이 어떤 말을 상대방에게 던지고 그 상대방은 또 어떤 말로 대답합니다. 챗봇으로 말하자면 (인간)사용자가 컴퓨터에 어떤 말을 던지면 컴퓨터가 사용자에게 대답을 해준다는 것입니다. 이때 컴퓨터가 해야 할 일은 사용자가 던진 말을 이해하는 것입니다. 사용자가 무슨 말을 했는지 알아야 챗봇이 대답을 할 수 있습니다. 또한 시용지의 말을 이해했다고 하더라도 적절하게 대답하는 방법을 알지 못하면 챗봇은 사용자 말에 대한 대답을 할 수 없습니다.

컴퓨터가 사용자의 말을 이해하기 위해서는 자연어 이해(NLU: Natural Language Understanding) 기술이 필요합니다. 또한 사용자가 음성으로 말을 던지는 경우(Alexa와 같은 음성 챗봇인 경우)에는 자동 음성 인식 기술도 필요합니다. 본 장에서 지금까지 소개한 AWS의

---

20 https://aws.amazon.com/ko/lex/

21 특정 내용에 대해 대화할 수 있는 챗봇의 능력을 Alexa에서는 스킬(Skill)이라고 부르고 있습니다.

AI 서비스에서는 Comprehend가 자연어 이해 기술을 포함하고 있습니다. Transcribe 또한 음성 인식 서비스입니다. 이와 같이 챗봇을 구현하기 위해서는 다양한 기술이 필요합니다. Lex는 AWS의 다른 AI 서비스가 가지고 있는 기술들을 통합하여 원스톱(One-Stop)으로 사용할 수 있도록 한 서비스라고 할 수 있습니다.

참고로 사용자가 던진 말을 이해한 후 어떤 답변을 해야 하는지는 Lex 안에서 정의할 수 있으며, 그 대답을 음성으로 해야 하는 경우는 Polly의 음성으로 얘기하는 서비스를 사용합니다. Lex 자체에는 음성으로 얘기하는 기능이 없기 때문에 주의하여야 합니다.

3.9.3 AWS Lambda와 연계

Lex에서는 챗봇 관련 자연어 이해 기술을 적용하여 대화의 흐름을 제어할 수 있습니다. 그러나 대화의 목적이 레스토랑 예약이었다면 '언제 누가 오느냐', '몇 명이 오느냐' 같은 예약에 대한 대화가 유창하게 이루어진다고 해도 그것으로 만족할 수 있을까요? 대답은 'NO'입니다. '언제, 누가, 몇 명'이라는 정보를 기록해야 하고 예약 시점에 공석이 있는지 없는지 확인도 필요합니다. 즉, 챗봇이 제 역할을 하기 위해서는 대화만 하면 안 된다는 것입니다.

데이터 기록이나 공석 확인과 같이 대화 이외의 기능(이른바 비즈니스 로직)은 Lex 자체로는 구현할 수 없어서 AWS의 다른 서비스인 AWS Lambda(이하 Lambda)와 연계가 필요합니다. Lambda는 FaaS(Function as a Service) 카테고리에 해당하는 서비스로 Python이나 Node.js와 같은 프로그램 언어로 작성된 로직을 AWS에 등록해 놓고 필요에 따라 실행할 수 있습니다. 비즈니스 로직을 Lambda로 구현하고 그것을 적시에 Lex에서 호출하여 실제로 도움이 되는 챗봇을 개발할 수 있습니다.

3.9.4 LexModelBuildingService와 LexRuntimeService

SDK(boto3)에 대하여 지금까지 설명했던 AI 서비스는 각각의 AI 서비스에 SDK 서비스가 1개씩 제공되고 있습니다. 반면 Lex에서는 챗봇 개발을 위한 LexModelBuildingService와 사용하기 위한 LexRuntimeService로 SDK 서비스 2개가 제공되고 있습니다.

Lex로 챗봇을 개발하는 것은 AWS 화면을 통해 간단하게 할 수 있습니다. 그렇기 때문에 LexModelBuildingService를 사용해서 프로그램으로 챗봇을 만드는 경우는 거의 없다고 생각할 수 있습니다. 하지만 사용자가 던진 문장을 제대로 이해하기 위해서는 샘플이 될 문장(음성으로 얘기하는 샘플)을 설정해야 합니다. 챗봇의 실제 사용자는 개발자가 예상했던 것과 다른 질문을 하는(예를 들면 레스토랑을 예약하고 싶은 경우 '예약하고 싶다'거나 '가도 될까'라고 하는 사람도 있을 겁니다) 경우가 많으므로, 이에 대응하기 위해서는 샘플 얘기를 정기적으로 업데이트할 필요가 있습니다. 이때 항상 AWS를 사용하기보다는 프로그램을 이용하여 자동화하고 싶다는 생각이 들 것입니다. 그런 경우에 LexModelBuildingService가 효과를 발휘합니다.

3.9.5 Lex에서의 대화 구성

Lex에서 챗봇은 그림 3-9-1과 같이 대화를 구성합니다.

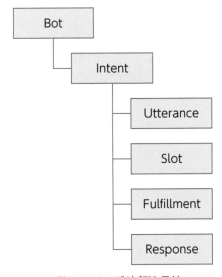

그림 3-9-1 Lex에서 챗봇 구성

Bot은 챗봇 그 자체로 1개의 AWS 계정으로 여러 개의 Bot을 생성할 수 있습니다. Bot은 여러 개의 Intent로 구성됩니다. Intent는 사용자가 대화하고 싶은 목적입니다. 예를 들어 어떤 레스토랑이 챗봇을 만드는 경우 먼저 Bot을 하나 만듭니다. 그 다음에 Bot 아래에 '레스토랑 예약', '매장 장소 설명', '배달 주문'이라고 하는 Intent를 만들게 될 것입니다.

Intent는 Utterance, Slot, Fulfillment, Response와 같은 항목으로 정의합니다. Utterance는 발화라는 뜻으로 사용자가 챗봇에 물어본 말(발화)입니다. 레스토랑 예약이라고 하는 Intent를 만든다면 '예약하고 싶다', '자리를 잡고 싶다'라는 음성으로 얘기하기를 등록[22]하

---

22 Lex는 한국어를 지원하지 않으므로 Utterance는 영어로 등록해야 합니다.

게 될 것입니다. Slot은 예약을 할 때 물어봐야 할 사항입니다. 예를 들어 이름, 인원수, 방문 일시라는 항목은 꼭 필요할 것입니다. Lex에서는 이러한 항목을 Slot에 등록해 놓고 그것을 순서대로 물어볼 수 있습니다. Slot에 정의한 항목을 모두 듣고 나면 Fulfillment에 정의된 동작(예를 들면 Lambda 호출)이 이루어집니다.

3.9.6 BookTrip 샘플로 동작 확인하기

Lex 화면과 동작을 실제 확인해 보겠습니다. Lex에서는 BookTrip, OrderFlowers, Schedule Appointment라는 3개의 샘플이 준비되어 있는데 여기서는 BookTrip(여행 예약) 샘플을 사용합니다.

AWS 콘솔에서 Lex 화면을 엽니다. 본서 집필 시점에 Lex는 서울 리전에서 제공되지 않기 때문에 미국 동부(버지니아 북부) 지역을 지정합니다.

Lex 첫 화면에서 [Get Started] 버튼을 선택하여 Bot 생성 화면을 엽니다.

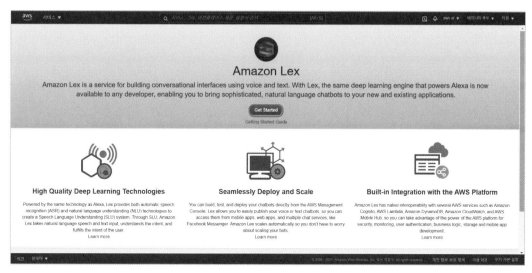

그림 3-9-2 Lex 메인 화면

이후 [BookTrip] 샘플을 선택하면 Bot 이름(Bot name)이 자동으로 설정됩니다.

그림 3-9-3 Bot 생성

화면 하단에 IAM role과 COPPA 설정 항목이 있습니다. IAM role은 Lex에서 Bot이 Polly를 사용하기 위한 권한 설정에 관한 것으로, 특별히 조작할 필요는 없습니다. COPPA는 미국의 아동 온라인 프라이버시 보호법(Children's Online Privacy Protection Rules)의 대상이 되는 Bot 여부를 지정하는 것입니다. 상용 사이트가 12세 이하 아동의 개인정보를 수집하는 경우에 대상이 되므로 여기서는 [No]를 선택하면 됩니다. 마지막으로 [Create] 버튼을 클릭하면 Bot이 생성됩니다.

그림 3-9-4 Bot 생성(화면 하단)

Bot 생성이 완료되면 Editor 화면이 나타나고 자동으로 빌드(Build)가 이루어집니다. 빌드가 완료되면 화면 우측에 Test bot이라는 부분에서 채팅을 시도할 수 있습니다.

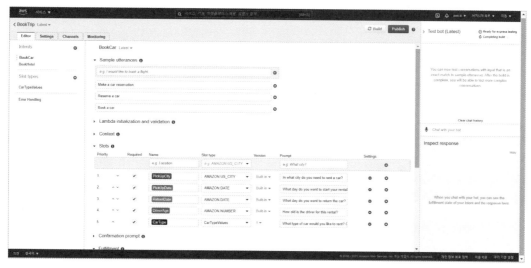

그림 3-9-5 Lex의 Editor 화면

Editor 화면에 대해 알아보겠습니다. 먼저 화면 좌측 상단에 Intents 표시가 있습니다. 하나의 Bot에 복수의 Intent를 작성할 수 있으며 BookTrip이라고 하는 Bot에서는 BookCar(렌터카 예약)와 BookHotel(호텔 예약) 2개의 Intent가 존재하고 있습니다.

다음에 화면 중앙을 보면, 현재 선택되어 있는 BookCar라고 하는 Intent를 기동하기 위한 Sample utterances(샘플 음성으로 얘기하기)가 3개 설정되어 있습니다. "Make a car reservation", "Reserve a car", "Book a car"라는 질문이 사용자로부터 수행된다면 이 BookCar라는 Intent가 구동됩니다. 실제로 이 Intent 동작을 확인해 보도록 하겠습니다.

Test bot의 Chat with your bot… 부분에 "book a car"라고 입력해 보세요.

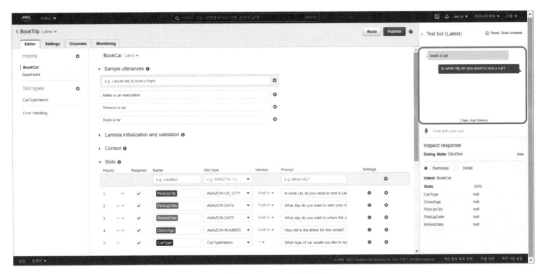

그림 3-9-6 Bot과의 대화

Bot으로부터 "In what city do you need to rent a car?"라는 답장이 왔습니다. 어느 도시에서 렌트카를 빌리고 싶은지 물어보고 있습니다. 이것에 대해서 조금 더 설명하자면, 먼저 "book a car"라는 사용자 질문에 BookCar라는 Intent가 인식이 됩니다. Slots(화면 중앙) 중에서 첫 번째 PickUpCity라는 Slot에 기초한 질문이 이루어졌습니다. PickUpCity라는 Slot의 오른쪽에 "In what city…"라고 하는 Bot으로부터의 대답이 설정되어 있습니다.

잠시 대화를 이어가 봅시다.

그림 3-9-7 Bot의 재확인

렌트카를 빌리고 싶은 도시, 빌리는 일자, 반환 일자, 운전자 연령, 차종 질문이 순차적으로 진행됩니다. 이것은 Slots으로 정의된 그대로입니다. 모든 질문에 대한 답변이 끝나면 Bot의 질문에 대해 사용자가 답변한 내용이 Bot에서 인식한 형태로 다시 언급됩니다. 이것은 Intent의 Confirmation prompt 설정을 활성화하기 위해 이루어진 예약 내용 확인입니다. "ok"라고 대답해 봅시다.

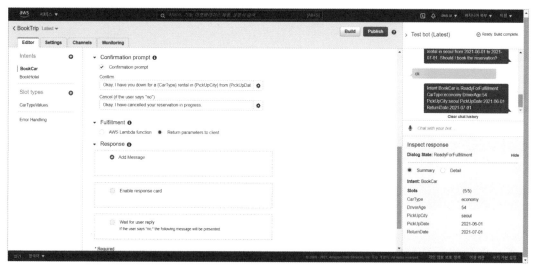

그림 3-9-8 Bot과의 대화 종료

Bot에서는 "Intent BookCar is ReadyForFulfillment…"라는 무미건조한 대답이 왔습니다. 이는 Response 항목에서 메시지가 세팅되어 있지 않기 때문입니다. 나중에 좀 더 인간미 있는 메시지를 세팅해 보겠습니다.

Bot과의 대화는 이것으로 끝났지만, 실제로 이 챗봇을 사용하는 경우에는 사용자로부터 획득한 렌터카 예약 정보를 외부 예약관리시스템 등으로 연계해야 합니다. Intent의 Fulfillment 설정으로 연계를 정의합니다. Fulfillment는 AWS의 Lambda 함수를 사용할 수 있습니다.

3.9.7 Response 추가

이제 Bot에서의 마지막 답변인 Response를 정의해 보겠습니다.

Response 항목에서 Add Message를 클릭하여 메시지를 편집 가능한 상태로 만듭니다. 입력란에 'We are waiting in {PickUpCity} on {PickUpDate}.'를 입력하고 오른쪽에 있는 플러스(+) 아이콘을 클릭하면 메시지를 추가할 수 있습니다. Slot 이름을 {PickUpCity}와 같이 메시지에 포함하면 Bot이 인식한 Slot 입력 내용이 세팅됩니다.

화면 하단의 [Save Intent] 버튼을 클릭하여 추가한 메시지를 저장한 후, 화면 상단의 [Build] 버튼을 클릭하여 빌드가 완료되기를 기다리면 Test bot에서 확인해 볼 수 있습니다.

그림 3-9-9 Response 설정

다시 처음부터 대화를 실시하자 그림 3-9-10과 같이 정의한 메시지에 의한 답변이 이루어졌습니다.

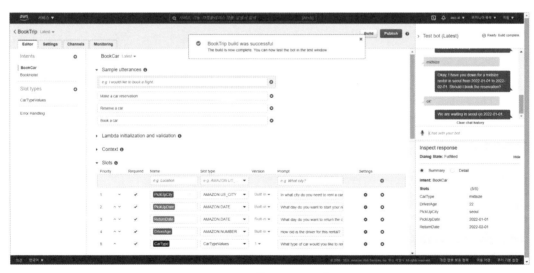

그림 3-9-10 정의한 메시지에 의한 답변

3.9.8 챗봇 공개

Lex의 Editor 화면에서 작성한 챗봇은 Test bot으로 동작을 확인할 수 있습니다. 다만 공개되어 있는 것은 아니므로 일반 사용자로부터 대화를 수집할 수 없습니다. 챗봇을 공개하는 방법은 두 가지가 있습니다. 첫 번째는 Editor와 동일한 AWS 화면에서 Channels를 설정하는 방법입니다. 페이스북 Messenger, Kik[23], Slack과 같은 메신저 서비스나 Twilio社의 API를 활용한 문자 메시징 서비스(SMS)를 통해 챗봇을 공개하는 것을 Channels 화면에서 설정할 수 있습니다.

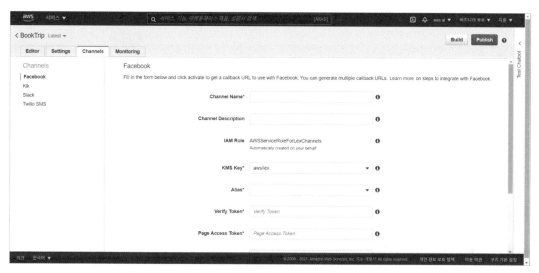

그림 3-9-11 Channels 화면

또 하나의 방법은 앞서 설명한 LexRuntimeService를 SDK에서 사용하는 것입니다. 예를 들어 생성한 챗봇을 LINE에서 공개하고 싶다면 Channels에서 지원하지 않기 때문에 LINE의 API와 LexRuntimeService를 모두 주선하는 서버 프로그램을 개발해야 할 것입니다. 여기서는 먼저 LexRuntimeService 동작을 Jupyter Notebook 화면에서 확인해 보겠습니다.

LexRuntimeService를 사용하기 위해서는 지금까지 했었던 것 같이 권한을 부여해야 합니다. IAM 화면에서 [AmazonLexFullAccess]라는 권한을 부여하겠습니다.

---

23 Kik은 미국에서 자주 이용되는 메신저 서비스입니다.

그림 3-9-12 Lex에 대한 접근 권한 부여

또한 생성한 챗봇을 공개하기 위해서는 Alias 설정을 하고 Publish 해 두어야 합니다. Alias 는 Lex에서의 Bot 버전 관리 단위로써 버전마다 적당한 이름을 붙일 수 있습니다.

먼저 Bot의 Settings 화면을 열고 Aliases 탭에서 Alias를 설정합니다. 여기서는 Dev라는 이름의 Alias를 만들고 그 Bot version으로 Latest(최신)를 설정했습니다. 그 후에 [Publish] 버튼을 클릭합니다.

그림 3-9-13 Alias 설정과 Publish

어떤 Alias를 Publish 할 것인지를 지정하는 화면이 나타납니다. 앞서 작성한 Dev Alias를 선택하고 [Publish] 버튼을 클릭합니다.

그림 3-9-14 Publish 하는 Alias 지정

다음으로 Jupyter Notebook에서 새로운 Notebook을 열고 아래의 코드를 실행합니다.

```python
import boto3
import json

client = boto3.client('lex-runtime', region_name='us-east-1')

text = 'bookacar'

response = client.post_text(
  botName='BookTrip',
  botAlias='Dev',
  userId='user01',
  inputText=text
)

print(response)
```

Python SDK에서는 post_text() 함수를 사용하여 사용자가 얘기한 것을 Lex로 전달합니다. 인수는 botName에 Bot 이름, botAlias에 방금 작성한 Alias 이름, userId에 사용자를 식별하는 임의의 값(후술), inputText에 사용자의 발언을 세팅합니다. 실행 결과는 그림 3-9-15와 같습니다.

```
In [3]:   import boto3
          import json

          client = boto3.client('lex-runtime', region_name='us-east-1')

          text = 'bookacar'

          response = client.post_text(
            botName='BookTrip',
            botAlias='Dev',
            userId='user01',
            inputText=text
          )

          print(response)
```

{'ResponseMetadata': {'RequestId': '967c36d0-1ce3-4bd2-ab80-f25b2bfcd524', 'HTTPStatusCode': 200, 'HTTPHeaders': {'x-amzn-requestid': '967c36d0-1ce3-4bd2-ab80-f25b2bfcd524', 'date': 'Sun, 23 May 2021 16:05:39 GMT', 'content-type': 'application/json', 'content-length': '658'}, 'RetryAttempts': 0}, 'intentName': 'BookHotel', 'nluIntentConfidence': {'score': 0.79}, 'alternativeIntents': [{'intentName': 'AMAZON.FallbackIntent', 'slots': {}}, {'intentName': 'BookCar', 'nluIntentConfidence': {'score': 0.65}, 'slots': {'CarType': None, 'DriverAge': None, 'PickUpCity': None, 'PickUpDate': None, 'ReturnDate': None}}], 'slots': {'CheckInDate': None, 'Location': None, 'Nights': None, 'RoomType': None}, 'message': 'What city will you be staying in?', 'messageFormat': 'PlainText', 'dialogState': 'ElicitSlot', 'slotToElicit': 'Location', 'sessionId': '2021-05-23T16:05:39.058Z-IXBtqfDP', 'botVersion': '1'}

그림 3-9-15 post_text 실행 결과

Lex로부터 응답(Response)에 있는 message 값에 "what city will you be staying in?" 이라고 세팅되어 있습니다. 또 사용되는 Intent인 "BookCar"가 intentName에 세팅되어 있고 Slots 상황 등도 알 수 있습니다.

그럼 대화를 계속 해볼까요? Test bot 화면에서는 그대로 다음 발언을 입력하면 되지만, API를 사용할 때는 고려해야 할 사항이 한 가지 있습니다. 그것은 이번에 작성한 챗봇(BookTrip이라고 하는 Bot의 Dev라는 Alias로 공개되어 있는 것)이 동시에 복수의 유저와 대화해야 하는 경우 1회의 API 호출에서는 대화가 1회 행해진 상태로 접속이 끊어져 버리기 때문에, 2번째 대화에서부터는 그것이 누구와 대화하고 있는 것인지 알 수 없게 되어 버립니다. 즉, 챗봇은 동시에 여러 명의 사용자와 대화하기 때문에 각 사람마다 어떤 대화를 하고 있는지 기억해야 하며 누가 말을 걸었는지 식별해야 한다는 것입니다.

그렇게 하기 위해 사용하는 것이 userId 값입니다. 처음에 Bot에게 말을 걸 때 임의로 결정되고 post_text() 함수의 인수로써 세팅된 userId 값을 2번째 이후 post_text() 함수를 호출할 때에도 동일하게 세팅하면 대화가 계속되고 있다는 것을 나타낼 수 있게 됩니다.

그럼 계속해서 API를 조작해 보도록 하겠습니다. Notebook의 다음 셀에서 다음의 코드를 수행합니다.

```
text = 'NewYork'

response=client.post_text(
  botName='BookTrip',
  botAlias='Dev',
  userId='user01',
  inputText=text
)

print(response)
```

어느 도시에서 렌트카를 빌릴 것인지 질문을 받았을 때 "NewYork"이라고 답변을 합니다. 실행 결과는 그림 3-9-16과 같습니다.

```
In [4]:   text = 'NewYork'

          response=client.post_text(
            botName='BookTrip',
            botAlias='Dev',
            userId='user01',
            inputText=text
          )

          print(response)

{'ResponseMetadata': {'RequestId': '9018bfec-986b-4170-b859-aa2544a2d8c3', 'HTTPStatusCode': 200, 'HTTPHeaders': {'x-amzn-requestid':
'9018bfec-986b-4170-b859-aa2544a2d8c3', 'date': 'Sun, 23 May 2021 16:09:12 GMT', 'content-type': 'application/json', 'content-length':
'665'}, 'RetryAttempts': 0}, 'intentName': 'BookHotel', 'nluIntentConfidence': {'score': 1.0}, 'alternativeIntents': [{'intentName':
'BookCar', 'nluIntentConfidence': {'score': 0.46}, 'slots': {'CarType': None, 'DriverAge': None, 'PickUpCity': None, 'PickUpDate': Non
e, 'ReturnDate': None}}, {'intentName': 'AMAZON.FallbackIntent', 'slots': {}}], 'slots': {'CheckInDate': None, 'Location': 'NewYork',
'Nights': None, 'RoomType': None}, 'message': 'What day do you want to check in?', 'messageFormat': 'PlainText', 'dialogState': 'Elici
tSlot', 'slotToElicit': 'CheckInDate', 'sessionId': '2021-05-23T16:05:39.058Z-IXBtqfDP', 'botVersion': '1'}
```

그림 3-9-16 post_text 실행 결과(2번째)

Lex로부터의 응답(Response)을 보면, message가 "What day do you want to Check in?"이라고 되어 있어 질문이 체크 인 일자로 바뀌어 있습니다. 대화가 계속되고 있습니다. 또한 slots 값을 보면 Location으로 "NewYork"이 세팅되어 있습니다.

이와 같이 Lex를 사용해 챗봇을 쉽게 만들 수 있고 또, 공개할 수도 있습니다. Lex의 기능은 많으나 본서에서는 이 정도밖에 소개할 수 없었습니다만, 무엇보다도 유감인 것은 한국어판이 아직 제공되고 있지 않다는 것입니다. 한국의 사용자로서는 우선 Lex가 어떤 것인지를 파악하고 한국어판이 제공되었을 때 바로 사용할 수 있도록 준비해 두면 좋을 것입니다

3.10 Amazon Forecast

3.10.1 Amazon Forecast란?

Amazon Forecast[24]는 시계열 데이터를 이용하여 예측하는 모델을 구축하고 사용하기 위한 서비스입니다. 이 서비스는 예를 들어, 방문 고객 수나 매출, 콜센터에 전화가 걸려오는 건수, 소모품 교환 빈도 등 다양한 분야의 예측에 활용할 수 있습니다.

일반적으로 시계열 데이터를 이용하여 예측 모델을 구축할 때는 다양한 알고리즘 중에서 최적의 알고리즘을 선택할 필요가 있습니다. Amazon Forecast에서는 사용할 알고리즘을 스스로 선택할 수 있지만, 각각의 알고리즘에 대한 지식이 없으면 적합한 것을 선택하기 어렵습니다. Amazon Forecast는 최적의 알고리즘을 자동으로 선택해 주는 AutoML 옵션도 제공하고 있기 때문에 기계학습 경험이 적은 사람이라도 시계열 예측 모델을 활용할 수 있습니다.

이러한 예측 모델은 제4장에서 해설하는 Amazon SageMaker를 이용하여 만들 수도 있지만, Amazon Forecast에서는 시계열 데이터에 특화된 예측 모델을 만드는 것뿐만 아니라 활용(다른 시스템으로부터 호출)에 관한 기능도 갖춰져 있습니다. 따라서 Amazon Forecast는 위의 용도로 활용하기 위한 모델을 만들 때 가장 먼저 검토하게 되는 서비스입니다.

3.10.2 Amazon Forecast에서 사용하는 데이터 셋(SET)

Amazon Forecast에서 예측 모델을 만들기 위해서는 데이터 셋 그룹을 생성해야 합니다. 데이터 셋 그룹은 미리 정의된 데이터 셋 타입 형식으로 학습용 데이터를 정리한 것입니다.

데이터 셋 그룹에는 적어도 TARGET_TIME_SERIES 데이터 셋 타입의 데이터가 필요합니다. TARGET_TIME_SERIES는 시계열 데이터이며 목적 변수(모델에서 예측해야 하는 항목. 예를 들어 매출 금액)와 설명 변수(예측에 활용할 수 있을 것으로 판단되는 항목. 예를 들어 손

---

24 https://aws.amazon.com/ko/forecast/

님 수나 요일)를 포함합니다.

기타 데이터 셋은 옵션인데, TARGET_TIME_SERIES에 포함되지 않는 설명 변수를 제공하기 위한 것입니다. RELATED_TIME_SERIES 데이터 셋 타입은 시계열 데이터, ITEM_METADATA 데이터 셋 타입은 시계열 데이터 이외의 데이터 셋입니다.

각각의 데이터 셋 타입에서 어떤 데이터를 준비할지는 예측 모델을 활용하는 영역에 따라 다릅니다. 아래와 같이 영역마다 데이터 셋 도메인이 정의되어 있습니다. 활용하고 싶은 영역에 적합한 데이터 셋 도메인이 있는 경우에는 그것을 사용하고, 적합한 것이 없다면 CUSTOM 도메인을 사용하는 것이 좋습니다.

- RETAIL 도메인 (소매 수요 예측)
- INVENTORY_PLANNING 도메인 (공급망과 재고 계획)
- EC2 CAPACITY 도메인 (Amazon EC2의 용량 예측)
- WORK_FORCE 도메인 (종업원 계획)
- WEB_TRAFFIC 도메인 (Web 트래픽 견적)
- METRICS 도메인 (수익, 현금 흐름 예측)
- CUSTOM 도메인 (기타 시계열 예측)

예를 들어 RETAIL 도메인은 각각의 데이터 셋 타입에 아래와 같은 항목을 세팅합니다.

- TARGET_TIME_SERIES 데이터 셋 타입

  언제, 어떤 상품이 몇 개나 팔렸는지 보여주는 데이터(몇 개 팔렸느냐가 목적 변수)
- RELATED_TIME_SERIES 데이터 셋 타입

  상품의 가격이나 재고 수, 웹 페이지 히트 수 등의 시계열 데이터
- ITEM_METADATA 데이터 셋 타입

  상품에 관한 속성 정보(시계열 데이터가 아님)

데이터 셋 타입은 데이터 항목 정의서에 해당하는 것으로, 데이터 셋 도메인마다 다른 항목이 정의되어 있습니다. 위의 RETAIL 도메인 예를 보면 알 수 있듯이 매출 예측에 필요할 것 같은 데이터 항목이 정의되어 있습니다. 데이터 항목에는 필수 항목과 옵션 항목이 있습니다. 일반적으로 옵션 항목에도 값을 세팅해주면 예측 정확도가 높은 모델이 될 것입니다.

3.10.3 Amazon Forecast로 데이터 Import(데이터 셋 그룹 작성)

Amazon Forecast를 사용하여 모델을 만들고 실제로 예측을 해 봅시다. Amazon Forecast에서는 구축한 예측 모델을 '예측자'라고 부릅니다. 예측자 생성과 사용(실제 예측)은 AWS 콘솔을 조작하거나 API를 사용합니다. 이 책에서는 AWS 콘솔을 조작해서 수행해 보겠습니다.

사용하는 데이터는 UCI(캘리포니아 대학 어바인校)의 Machine Learning Repository에 공개된 Online Retail II Data Set입니다. 상세한 확인과 데이터 다운로드는 http://archive.ics.uci.edu/ml/datasets/Online+Retail+II에서 할 수 있습니다. 이 데이터는 영국을 거점으로 하는 온라인 소매점에서 2009년 12월 1일부터 2011년 9월 12일까지 발생한 모든 매출을 포함하고 있습니다. 데이터는 Excel 형식(xlsx)으로 배포되고 있으며, 위의 URL 화면에서 Data Folder라는 링크를 클릭하면 'online_retail_II.xlsx'라는 파일을 다운로드할 수 있습니다.

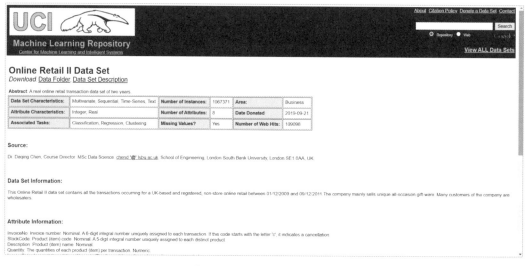

그림 3-10-1 Online Retail II Data Set

다운로드가 완료된 파일을 Excel로 열면 'Year 2009-2010'과 'Year 2010-2011' 2개의 시트가 있으며, 각각 표 3-10-1의 항목이 세팅되어 있습니다.

표 3-10-1 online_retail_II.xlsx에 세팅되어 있는 항목

항목명	설명	데이터 예시
Invoice	청구 No	489434
StockCode	상품 코드	85048
Description	상품명	15CM CHRISTMAS GLASS BALL 20 LIGHTS
Quantity	주문 수량	12
InvoiceDate	청구 일자	2009/12/1 7:45
Price	가격	6.95
CustomerID	고객 ID	13085
Country	국가	United Kingdom

이번에는 TARGET_TIME_SERIES 데이터 셋 타입만 세팅해 보겠습니다. TARGET_TIME_SERIES 데이터 셋 타입은 item_id, timestamp, demand의 3가지 데이터 항목이 필요합니다. 여기서는 item_id로 StockCode, timestamp로 InvoiceDate, demand로 Quantity 값을 이용하기로 합니다.

우선 Excel에서 열을 StockCode, Quantity, InvoiceDate의 3개 열로 좁혀(이번에는 Year 2009-2010 시트만 사용합니다), Quantity와 InvoiceDate 열을 정렬합니다. 다음으로 1행의 타이틀을 TARGET_TIME_SERIES 데이터 셋 타입으로 준비해 둡니다. 또, InvoiceDate 열 (timestamp) 서식을 'yyyy-mm-dd hh:mm:ss'로 설정합니다.

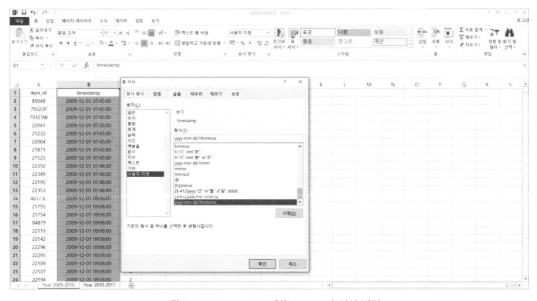

그림 3-10-2 InvoiceDate 열(timestamp) 서식 변경

그림 3-10-3과 같은 형태가 되면, 그 시트를 CSV 형식의 데이터로 저장합니다.

	A	B	C	D	E	F	G	H	I	J	K	L	M	N
1	item_id	timestamp	demand											
2	85048	2009-12-01 07:45:00	12											
3	79323P	2009-12-01 07:45:00	12											
4	79323W	2009-12-01 07:45:00	12											
5	22041	2009-12-01 07:45:00	48											
6	21232	2009-12-01 07:45:00	24											
7	22064	2009-12-01 07:45:00	24											
8	21871	2009-12-01 07:45:00	24											
9	21523	2009-12-01 07:45:00	10											
10	22350	2009-12-01 07:46:00	12											
11	22349	2009-12-01 07:46:00	12											
12	22195	2009-12-01 07:46:00	24											
13	22353	2009-12-01 07:46:00	12											
14	48173C	2009-12-01 09:06:00	10											
15	21755	2009-12-01 09:06:00	18											
16	21754	2009-12-01 09:06:00	3											
17	84879	2009-12-01 09:06:00	16											
18	22119	2009-12-01 09:06:00	3											

그림 3-10-3 편집 후 Excel 데이터

Amazon Forecast로 훈련용 데이터를 전달하기 위해서는 미리 S3에 CSV 형식의 파일을 업로드하고 S3의 경로로 지정해야 합니다. 따라서 Excel로 저장한 그림 3-10-4와 같은 CSV 파일을 S3의 적당한 버킷에 업로드합니다.

그림 3-10-4 S3에 업로드하는 CSV 파일

여기까지 준비되었다면 Amazon Forecast 화면을 열고 [Create dataset group] 버튼을 클릭해서 작업을 시작합니다.

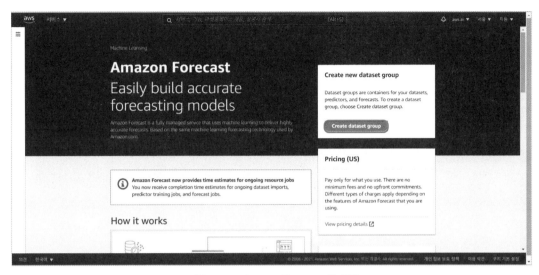

그림 3-10-5 Amazon Forecast 첫 화면

먼저 데이터 셋 그룹 이름(Dataset group name)과 도메인(Forecasting domain)을 지정합니다. 데이터 셋 그룹 이름은 임의로 명명해도 상관없지만, 도메인은 Retail을 지정합니다. 이것은 이번에 사용할 데이터가 온라인 매장의 매출 이력이고 예측하고 싶은 값(목적 변수)이 매출 개수이기 때문입니다.

지정했으면 [Next] 버튼을 클릭합니다.

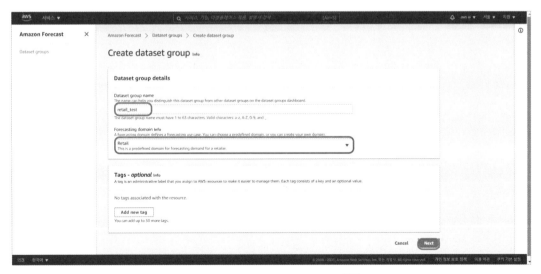

그림 3-10-6 Create dataset group 화면

다음은 데이터 셋 상세 정보를 설정합니다. 먼저 필수 항목인 TARGET_TIME_SERIES 데이터 셋 타입을 사용하고 그 외의 데이터 셋 타입을 사용할 경우에는 차후 화면에서 진행하겠습니다. 이 화면에서는 데이터 셋 이름(Dataset name), 데이터 주기(Frequency of your data), 데이터 스키마(Data schema)를 지정합니다. 중요한 것은 데이터의 주기와 데이터 스키마입니다.

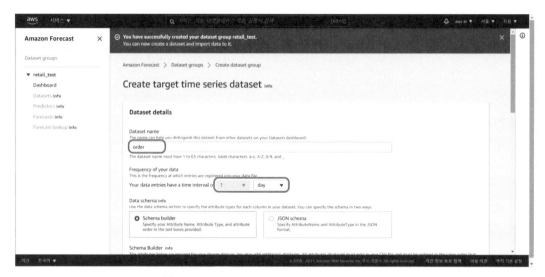

그림 3-10-7 Create target time series dataset 화면 ①

데이터 주기는 일(Day)이나 시(Hour)와 같은 시간의 단위와 수치를 지정합니다. 예를 들어 1일 단위로 데이터를 정리하여 예측하고 싶은 경우 시간 단위는 Day(일), 수치는 1을 지정합니다. 여기서 지정한 데이터의 주기보다 큰 단위로 예측할 수는 있지만, 작은 단위로는 할 수 없기 때문에 주의해야 합니다. 즉 1일 단위로 데이터를 정리해서 예측자를 만든 경우, 1개월 단위로 매출 예측을 할 수 있지만 1시간 단위로 예측할 수 없습니다. 여기에서 지정한 데이터 주기와 실제 부여하는 데이터의 timestamp 단위가 일치할 필요는 없습니다. 예를 들어 데이터 주기로 1일을 지정하고 실제 데이터는 이번에 사용하는 것과 같이 매출이 발생할 때마다(1일 단위로 집약되어 있지 않다)여도 괜찮습니다. 지정된 데이터 주기에 맞춰 Amazon Forecast가 자동으로 데이터를 집약해 줍니다.

데이터 스키마는 디폴트 값이 세팅되어 있기 때문에 그대로 사용해도 상관없습니다.

그림 3-10-8 Create target time series dataset 화면 ②

이어서 Dataset import details를 지정합니다. 여기서는 Amazon Forecast에 Import하여 사용할 데이터 셋 세부사항을 지정합니다. Import할 데이터 셋 이름(Dataset import name)은 임의로 지정합니다. Time zone은 여기서는 "Asia/Seoul"을 선택합니다. Timestamp format 은 데이터의 timestamp 값 표기 형태입니다. 앞서 Excel상에서 같은 형식으로 변환했기 때문에(날짜 형식의 지정 방법은 Amazon Forecast와 Excel이 다르지만 얻어지는 날짜문자열은 동일합니다) 그대로도 상관없습니다.

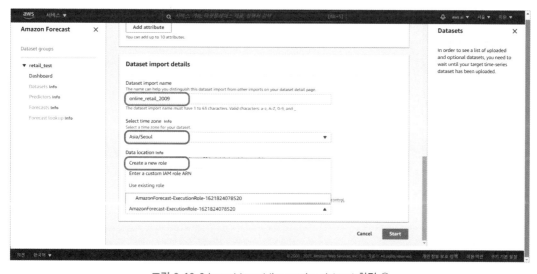

그림 3-10-9 Import target time series dataset 화면 ①

Amazon Forecast에서 S3로 액세스하기 위해서는 IAM Role(IAM 롤)이 필요합니다. IAM Role이란 IAM에서 부여할 수 있는 다양한 권한 조합을 정의한 것입니다.

IAM Role은 기존의 권한을 지정하거나 이 화면에서 신규로 작성할 수 있습니다. 새로 작성할 경우 IAM Role 풀다운 메뉴에서 [Create a new role]을 선택합니다. 그림 3-10-10의 화면이 나타나면 특정 S3 버킷에만 접속할 수 있도록 할 것인지, 동일한 AWS 계정 하에 있는 모든 S3 버킷에 접속할 수 있도록 할 것인지 지정합니다. 여기서는 방금 업로드한 CSV 파일이 저장되어 있는 S3 버킷을 참조 가능하게 합니다.

그림 3-10-10 Import target time series dataset 화면 ②

마지막으로, CSV 파일에 대한 S3의 경로(s3://⟨버킷명⟩/⟨오브젝트명⟩)를 지정하고 [Start] 버튼을 클릭합니다.

여기까지 작업을 하면 학습용 데이터가 Amazon Forecast로 Import됩니다. 시간이 좀 걸리므로 Amazon Forecast 대시보드 등을 통해 상황을 확인합시다.

Active라고 표시되면 Import가 완료된 것입니다.

그림 3-10-11 Import target time series dataset 화면 ③

본 항에서 다룬 TARGET_TIME_SERIES 이외에도 데이터 셋 타입의 데이터를 데이터 셋 그룹으로 Import할 경우에는 Amazon Forecast의 Datasets 화면을 열어 동일한 작업을 수행합니다.

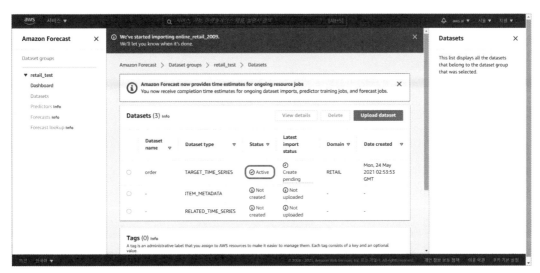

그림 3-10-12 Datasets 화면

3.10.4 예측자 작성

데이터 셋 그룹 생성이 완료되면 다음은 예측자(Predictor)를 생성합니다. Amazon Forecast 의 예측자는 일반적으로 훈련이 끝난 모델에 해당됩니다. 앞서 Import한 데이터(작성한 데이터 셋 그룹)를 사용하여 예측 알고리즘은 스스로 선택하거나 자동으로 선택된 것을 이용하여 학습 합니다.

Amazon Forecast 대시보드에서 Train a predictor 부분에 있는 [Start] 버튼을 클릭합니 다('Start' 버튼은 데이터 셋 그룹 작성이 완료된 경우 표시됩니다).

그림 3-10-13 예측자 생성

Train predictor 화면이 표시되면 예측자 이름(Predictor name), 예측 기간(Forecast horizon Info), 예측 주기(Forecast frequency), 예측 알고리즘(Algorithm selection Info) 등을 지정합니다. 여기서 중요한 것은 예측 기간, 주기, 예측 알고리즘입니다.

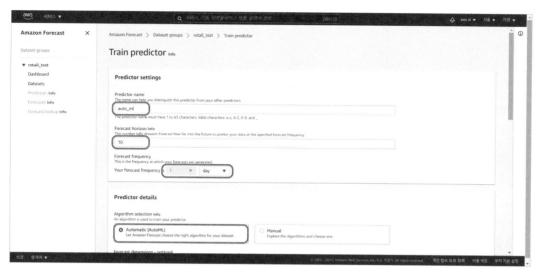

그림 3-10-14 Train predictor 화면 ①

우선, 첫 번째 예측 주기에 대해서 설명하겠습니다. 예측 주기는 데이터 셋 그룹 생성 시 지정한 데이터 주기와 동일하며, 어느 정도의 시간 단위로 예측을 수행하고자 하는지를 지정합니다. 앞서 데이터 셋 그룹을 작성했을 때, 데이터의 주기를 1일로 했기 때문에 예측 주기는 1일 이상으로 해야 합니다. 여기서는 내일 매출, 모레 매출과 같이 하루 단위의 예측을 하고 싶기 때문에 예측 주기를 1일로 합니다.

예측 기간은 여기서 지정한 예측 주기를 몇 번 정도 수행한 분량을 예측하고 싶은지 지정합니다. 예측 주기가 1일, 예측 기간이 10인 경우, 10일 분의 예측을 1일 단위로 실시하게 됩니다. 최대 500까지 값을 지정할 수 있기 때문에 예측 주기가 1일이라면 1년 반 정도의 장기 예측도 가능합니다. 그러나 일반적으로는 학습 데이터를 바꿔 예측자를 만드는 것이 예측 정확도가 양호해질 가능성이 높기 때문에 그렇게까지 큰 값을 지정하지 않아도 됩니다.

다음으로 예측 알고리즘을 선택합니다. 선택사항은 Automatic(AutoML)과 Manual 두 가지입니다. Automatic(AutoML)은 데이터의 내용에 따라 Amazon Forecast가 자동으로 예측 알고리즘을 선택하는 것으로, 보통은 Automatic을 선택해 두면 문제가 없습니다. Manual을 선택하는 경우는 실제로 사용하고 싶은 예측 알고리즘을 다음 후보에서 선택하면 됩니다.

- 자기회귀누적이동평균 (ARIMA)
- DeepAR+
- 지수평활법 (ETS)

- Non-Parametric Time Series (NPTS)
- Prophet

하나의 데이터 셋 그룹에서 여러 개의 예측자를 만들 수도 있습니다. 이 경우 Manual을 지정하고 여러 예측 알고리즘을 사용하여 예측자를 생성합니다. 여러 개의 예측자를 만들어 예측 정확도를 비교해 보는 것도 좋은 방안이 될 것입니다.

지금까지 그림 3-10-14 화면의 필수 입력 항목에 대해 설명했습니다. 이 밖에 옵션 입력 항목은 아래와 같은 것이 있습니다.

- **Forecast dimensions**
  필수 항목인 item_id 이외 항목을 예측 대상으로 하고자 하는 경우 지정합니다.

- **Country for holidays**
  공휴일은 매출 등의 값이 평소보다 증감할 수 있습니다. 공휴일은 나라마다 다르므로 이 항목에서 기준으로 삼고 싶은 국가를 지정합니다.

- **Number of backtest windows**
  예측자 정확도 평가는 입력 데이터 끝부분부터 'Backtest window offset'에서 지정한 만큼의 데이터를 분할하여 수행하는데, 그 분할 횟수를 1~5로 지정합니다. 기본값은 1입니다. 이 경우 데이터를 1회만 분할하고 그 만큼의 데이터만 정확도 평가가 이루어지게 됩니다.

- **Backtest window offset**
  예측자의 정확도 평가를 실시할 때 1회의 분할로 획득할 기간을 지정합니다. 디폴트 값은 예측 기간(Forecast horizon) 값입니다. Forecast horizon이 10일, Forecast frequency가 일(Day)인 경우 디폴트로는 입력 데이터 끝에서부터 10일 분의 데이터를 분할하여 정확도 평가를 실시합니다.

마지막으로 [Start] 버튼을 클릭하면 예측자 생성(모델 훈련)이 이루어집니다. 지정한 예측 알고리즘과 데이터 셋 크기에 따라 다르지만, 장시간 걸릴 가능성도 있습니다. 대시보드나 Predictors 화면에 상태가 표시되므로 Active가 될 때까지 기다리도록 합시다.

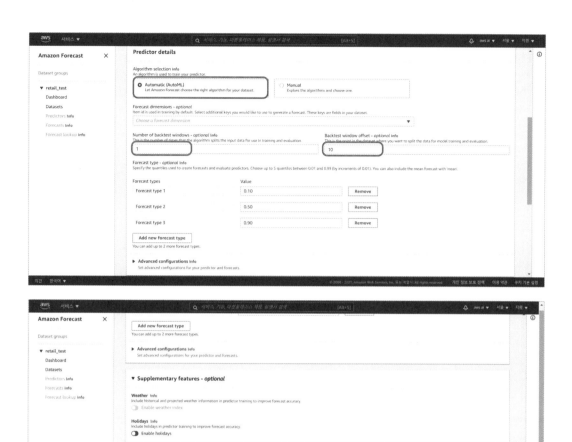

그림 3-10-15 Train predictor 화면 ②

그림 3-10-15-1 Train predictor 진행 중인 화면

3.10.5 예측 생성과 결과 확인

Amazon Forecast의 대시보드 또는 Predictors 화면에서 예측자의 트레이닝 상태(Predictor training status)가 Active가 되면 훈련이 종료되고 예측자가 완성되었음을 의미합니다(본서의 내용대로 진행한다면 약 1시간 50분 소요). 다음으로 예측자를 사용해서 실제로 예측을 실시해 보도록 합시다.

예측을 하기 위해서는 예측자(Predictor)에서 예측(Forecast)을 작성합니다. Amazon Forecast의 대시보드 우측에 Generate forecasts라고 표시되어 있습니다. 그 아래 [Start] 버튼을 클릭하면 그림 3-10-17과 같이 Create a forecast 화면이 열립니다. 조금 전에 Train a predictor와 마찬가지로 예측자의 트레이닝 상태가 Active가 되지 않으면 [Start] 버튼은 표시되지 않습니다. 그림 3-10-16 화면에 있는 메뉴에서 Predictors 화면을 열고 [Create forecast] 버튼을 클릭해도 됩니다.

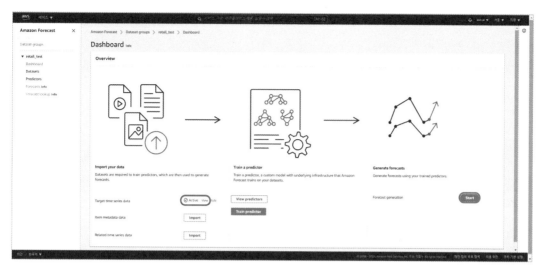

그림 3-10-16 예측 생성

그림 3-10-17 Create a forecast 화면

Create a forecast 화면에서 예측 이름(Forecast name)을 임의로 지정합니다. 또한 사용할 예측자(Predictor)로 방금 만든 예측자를 선택합니다. 이 화면에서는 여기까지 입력이 필수입니다. 임의로 입력하는 항목인 Forecast types에는 '분위회귀'를 지정합니다.

이번 예와 같이 매출 개수를 예측할 경우, 예를 들어 '내일 A라는 상품이 20개 팔린다'와 같은 예측이 가능하지만, 예측 결과는 상향 또는 하향세일 가능성이 있으므로 '15개~25개 정도 팔린다'와 같이 범위(분포)에서 응답하는 편이 예측 적중률이 높아집니다.

일반적으로 분포의 중앙값이 예측 결과로써 이용되며 Forecast types에서는 0.5 혹은 mean 을 지정할 수 있습니다. Amazon Forecast의 디폴트는 0.5 이외 0.1과 0.9가 지정되어 있어 분포의 양쪽 끝자락(하락한 값에서 상향된 값까지)을 구할 수 있습니다.

마지막으로 [start] 버튼을 클릭해 예측을 생성해 봅니다(약 30여 분 소요). 생성이 완료되면 Amazon Forecast 대시보드에 [Lookup forecast] 버튼이 표시됩니다. 또한 Forecasts 화면 에서는 생성한 이름의 예측에 대한 상태가 Active가 됩니다.

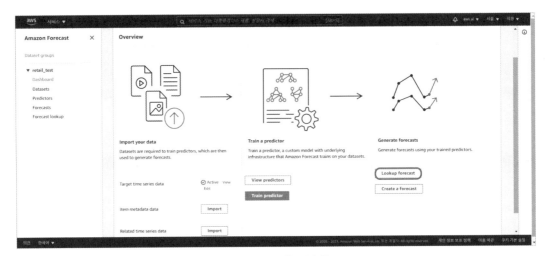

그림 3-10-18 예측 결과 참조

예측 결과를 참조하기 위해서는 그림 3-10-18 화면에서 [Lookup forecast] 버튼을 클릭합니다. Forecast lookup 화면이 표시되는데, 먼저 Forecast 값으로 조금 전에 만든 예측을 선택합니다. Start date와 End date는 예측 결과를 표시하는 기간입니다. 여기서 지정할 수 있는 값은 예측자 생성 시 지정한 예측 주기와 기간에 따라 결정됩니다. 이번에 사용하고 있는 데이터 셋에는 2010년 12월 9일까지의 데이터가 포함되어 있어 예측 주기로 일, 기간으로 10을 지정했기 때문에 예측 결과를 표시할 수 있는 것은 2010년 12월 19일까지입니다. Forecast key에서는 예측 결과를 표시하고 싶은 item_id를 지정합니다. 예측자 생성 시 Forecast dimensions을 지정한 경우는 그 값을 사용할 수도 있습니다.

이번에는 예측 결과를 표시하는 기간으로 2010년 12월 9일~2010년 12월 19일, item_id로 22909를 지정하고 [Get Forecast] 버튼을 클릭합니다.

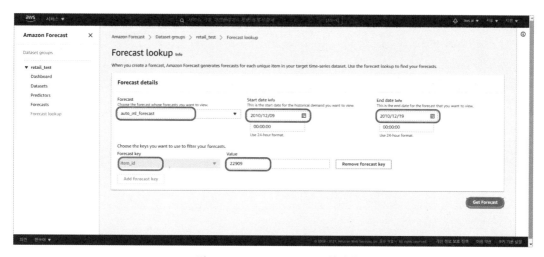

그림 3-10-19 Forecast lookup 화면 ①

화면 아래 부분에 그래프가 표시됩니다. 예측 생성 시에 지정했던 Forecast types에 따라 여러 가지 그래프가 그려집니다. 이번에 Forecast types는 기본값이므로 중앙값이 P50 forecast, 그 위가 P90 forecast(Forecast type이 0.9 예측 결과), 아래가 P10 forecast(Forecast type이 0.1 예측 결과) 그래프[25]가 됩니다.

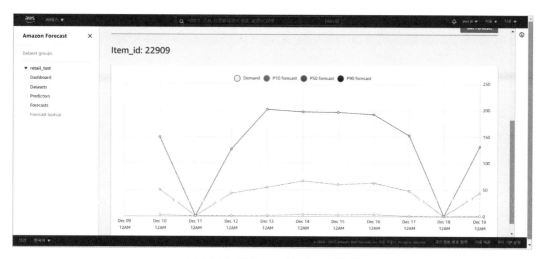

그림 3-10-20 Forecast lookup 화면 ②

---

25 같은 데이터를 사용해도 트레이닝 데이터와 테스트 데이터의 분할 등이 랜덤으로 이루어지기 때문에 항상 같은 모델이 만들어지는 것은 아닙니다. 그렇기 때문에 게재한 예측 결과와는 다른 예측이 이루어지는 경우가 있습니다.

예측 결과는 S3로 내보낼 수 있습니다. 예측(Forecast)을 생성한 후 Forecasts 화면에서 생성된 예측을 선택하고 [Create forecast export] 버튼을 클릭합니다.

그림 3-10-21 예측 결과 내보내기

S3에 export하는 파일 형식은 CSV가 됩니다. Export name에 적당한 이름을 지정하고 S3 forecast export location에 내보낼 장소의 S3 버킷 이름과 export하는 파일 이름을 지정합니다.

그림 3-10-22 Create forecast export 화면

S3에 export된 CSV 파일을 다운로드해 보면 그림 3-10-23과 같은 내용을 확인할 수 있습니다. 상품을 특정하는 item_id, 예측 대상일인 date와 그래프에 그려져 있던 p10, p50, p90 각각의 예측치가 세팅되어 있습니다.

그림 3-10-23 Export가 완료된 CSV 파일

3.10.6 예측자 매트릭스 참조

지금까지 살펴본 바와 같이 Amazon Forecast는 학습용 데이터 셋을 이용하여 간단히 시계열 예측 모델을 생성할 수 있지만, 궁금한 것은 완성된 모델(예측자)이 어느 정도의 정확도로 예측 할 수 있는지 입니다. 예측자를 생성할 때 정확도에 대한 평가도 자동으로 이루어지는데, 화면에 서 해당 지표를 참조할 수 있습니다.

그림 3-10-24 Predictors 화면

Predictors 화면은 생성한 예측자에 대한 개요와 정확도 지표가 표시됩니다. 우선 예측자 개요(Predictor overview)를 참조해 보겠습니다.

그림 3-10-25 Predictor overview 확인

Predictor overview에서 주목할 것은 Winning AutoML Algorithm입니다. 이번에는 AutoML을 지정해서 예측자를 생성했기 때문에 Amazon Forecast가 예측 알고리즘을 자동으로 선정합니다. 여기서는 그 선택된 예측 알고리즘이 표시됩니다. 그림 3-10-25를 보면 이번에는 CNN-QR이 선택된 것을 알 수 있습니다. 덧붙여 같은 데이터를 사용해도 학습 데이터와 테스트 데이터의 분할 등이 랜덤으로 행해지기 때문에 항상 같은 모델이 만들어지는 것은 아닙니다. 그 때문에 다른 예측 알고리즘이 선정되는 일도 있습니다. 그림 3-10-26에 표시되어 있는 wQL「0.5」값은 예측자의 정확도 지표 값입니다. 이것은 다음에 설명할 Algorithm metrics 값과 같습니다.

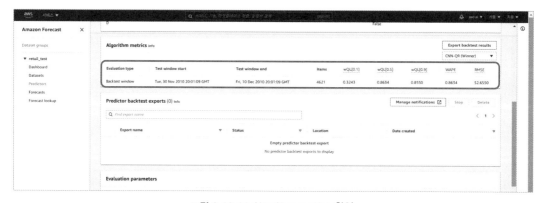

그림 3-10-26 Algorithm metrics 확인

예측자의 정확도 지표는 Algorithm metrics에 표시됩니다. AutoML을 사용한 경우, 자동적으로 선택된 알고리즘마다 표시됩니다. Algorithm metrics란의 오른쪽 상단에 있는 풀다운 메뉴에서 표시하고 싶은 알고리즘을 선택할 수 있습니다(선택된 알고리즘은 Winning algorithm으로 초기 표시되어 있습니다). 알고리즘 정확도 평가는 예측자 생성 시에 Number of backtest windows에서 지정한 횟수만큼 이루어집니다. 정확도 지표에는 SUMMARY와 COMPUTED 두 종류의 Evaluation type이 있고, SUMMARY는 정확도 평가 전체의 평균값이 표시됩니다. COMPUTED는 Test window start와 Test window end 기간 동안 데이터를 분할하여 정확도 평가를 수행했을 때의 지표들이 표시됩니다. 또한 Number of backtest windows 값이 1이면 SUMMARY 값과 COMPUTED 값은 같아집니다.

정확도 지표는 RMSE와 wQL 2가지가 표시됩니다. RMSE는 제곱평균제곱근(root mean square) 오차입니다. 이것은 예측자로 예측한 값과 입력 데이터로 부여한 정답 값의 오차를 평균한 것입니다. 즉, 플러스 오차와 마이너스 오차가 합쳐져서 0으로 수렴되지 않도록 오차를 제곱한 후에 평균을 취하고 제곱함으로써 수치가 커진 것을 부정하기 위해서 마지막으로 루트(root, 제곱근)를 씌운 값입니다. 이 값이 작을수록 예측자의 예측 정확도가 양호한 것을 나타냅니다. 또 wQL(wQuantile Loss)은 분위회귀 0.1(wQL 0.1), 0.5(wQL 0.5), 0.9(wQL 0.9) 각각의 예측 정확도를 나타내며, 값이 작을수록 예측 정확도가 양호한 것을 나타냅니다.

이와 같이 Amazon Forecast를 통해 시계열 데이터 예측 모델을 쉽게 만들어 예측 결과를 얻을 수 있습니다. 본 절에서는 AWS 콘솔을 사용하여 예측자를 만들고 예측을 실행했는데, API를 사용하여 실행할 수도 있습니다. 실전 운용에서는 AWS의 S3와 RDS 등에 있는 다양한 데이터를 모아 Amazon Forecast용 데이터 셋을 만들고 API를 사용하여 데이터 셋의 Import 및 예측자 생성, 예측 실행을 하고 마지막으로 S3에 예측 결과를 Export하는 진행이 이루어질 것입니다. 다양한 비즈니스 영역의 시계열 데이터를 다루고 예측을 할 수 있기 때문에 여러분도 꼭 활용해 보길 바랍니다.

3.11 Amazon Personalize

3.11.1 Amazon Personalize란?

Amazon Personalize[26]는 다양한 Recommendation을 하기 위한 기계학습 모델을 만드는 서비스입니다. 원래 온라인 서점으로 시작된 Amazon은 현재 다양한 상품을 취급하는 온라인 쇼핑 사이트를 운영하고 있습니다. 그곳에서는 사용자의 과거 구매 이력 데이터 등을 활용하여 다양한 상품을 추천하고 있습니다. 여러분도 아마존에서 어떤 상품을 쇼핑 카트에 담으면 다른 상품에 대한 구매도 추천받은 적이 있을 것입니다. 모든 사용자에게 같은 상품이 추천되는 것은 아니고 어디까지나 사용자별로 각각의 구매 이력에 따라 Personalize되고 있습니다. Amazon Personalize는 Amazon이 지금까지 쌓아온 Personalize 구조를 도입해 AWS의 AI 서비스로 제공되고 있습니다.

Amazon Personalize는 쇼핑 사이트뿐만 아니라 다양한 용도를 생각할 수 있습니다. 예를 들면 웹 서비스를 운영하는 경우, 열람하고 있는 유저마다 표시하는 콘텐츠를 바꾸어 보다 흥미를 끌도록 할 수 있습니다. 또한 마케팅이나 영업을 하는 경우 다양한 고객에 대해서 어떤 상품 또는 어떤 서비스를 제안할 것인지 결정하는 것은 중요한 일인데, 이것 역시 Personalize의 예라고 할 수 있습니다.

3.11.2 Amazon Personalize에서 사용하는 데이터 셋

Amazon Personalize를 사용하기 위해서는 앞 절의 Amazon Forecast와 마찬가지로 미리 정의된 데이터 셋 타입의 스키마에 맞게 데이터 셋을 준비하고 데이터 셋 그룹을 만들어야 합니다.

데이터 셋 타입은 사용자와 관련된 데이터인 'User', 상품 및 서비스와 관련된 데이터인 'Item', 과거 사용자와 아이템의 관계(구매) 관련 이력 데이터인 'User-item interaction' 세 가

---

26 https://aws.amazon.com/ko/personalize/

지가 있습니다. Amazon Personalize는 기본적으로 과거의 행동 이력(예를 들어 상품 구매)을 바탕으로 어떤 사용자에게 어떤 아이템(상품이나 서비스)을 추천할 것인지를 구하기 위한 서비스를 위해 과거의 행동 이력인 User-item interaction 데이터는 필수적입니다. User와 Item 데이터는 사용자나 아이템에 대한 상세 정보를 제공하기 위한 것으로 Amazon Personalize의 예측 정확도를 높이기 위해 필요한 데이터라고 할 수 있습니다.

Amazon Personalize에서는 Personalize 용도에 맞게 표 3-11-1에 제시된 사전 정의된 레시피(recipe)가 제공되고 있습니다. 레시피란 기계학습 알고리즘에 해당하는 것으로, 레시피에 따라 필요한 데이터 셋 타입이 다릅니다. HRNN 레시피에서 Popularity-Count 레시피까지 4 가지 레시피는 USER_PERSONALIZATION 레시피, SIMS 레시피는 RELATED_ITEMS 레시피라고도 불려집니다.

표 3-11-1 Amazon Personalize에서 제공되는 사전 정의된 레시피

레시피명	설명	데이터 셋 타입(필수)
HRNN	사용자가 주고받는 아이템을 예측한다. 사용자의 행동이 시간이 지남에 따라 변화해 나가는 경우에 적합하다.	User-item interaction
HRNN-Metadata	HRNN 레시피에서 파생되었으며, 사용자 및 아이템의 데이터도 활용된다.	User-item interaction User Item
HRNN-Coldstart	HRNN-Metadata 레시피에 새로운 아이템을 포함하여 Personalize 대응이 추가되었다.	User-item interaction User Item
Popularity-Count	User-item interaction 데이터 셋 내의 아이템에 대한 이벤트 카운트를 바탕으로 아이템의 인기도를 계산한다.	User-item interaction
Personalized-Ranking	Personalize된 Recommendation 랭킹을 생성하는 경우 등에 사용한다.	User-item interaction
SIMS	지정된 아이템과 유사한 아이템을 가져온다.	User-item interaction

3.11.3 Amazon Personalize로 데이터 Import(데이터 셋 그룹 작성)

그럼 Amazon Personalize를 사용해서 모델을 만들고 실제로 데이터를 추천받아 보겠습니다. Amazon Personalize에서는 만들어진 Recommendation 모델을 솔루션이라고 부릅니다. 앞절의 Amazon Forecast 예측자와 마찬가지로 솔루션 생성과 사용(추천 데이터 획득)은 AWS

콘솔을 조작하거나 API를 이용하여 수행합니다. 본 책에서는 AWS 콘솔을 이용하여 수행하게 됩니다.

전 절과 동일하게, UCI(캘리포니아 대학 어바인校)의 Machine Learning Repository에 공개되어 있는 Online Retail II Data Set을 데이터로 사용합니다. Online Retail II Data Set은 온라인 매장에서 구매한 내역이 시계열 데이터로 정리된 것입니다. 전 절의 Amazon Forecast에서는 구매 날짜와 구매 수량, 상품 코드를 사용하여 어떤 상품이 매일 어느 정도 팔릴 것인지 예측했습니다. 본 절에서는 구매 날짜와 상품 코드, 고객 ID를 사용하여 각각의 고객 ID에 어떤 상품을 추천하면 팔릴 수 있을 것인지 추천 데이터를 얻어 보도록 하겠습니다.

먼저 UCI 사이트(http://archive.ics.uci.edu/ml/datasets/Online+Retail+II)에서 데이터 셋을 다운로드합니다. 다운로드 방법과 데이터 셋에 대한 자세한 내용은 '3.10.3 Amazon Forecast로 데이터 Import(데이터 셋 그룹 작성)' 앞부분을 참조해 주세요.

필수 데이터 셋 타입인 User-item interaction 데이터를 생성합니다. 데이터 셋 타입은 USER_ID, ITEM_ID, TIMESTAMP 세 가지가 필수 항목입니다. 다운로드한 Online Retail II Data Set을 Excel로 열고 아래와 같은 전처리를 실시합니다.

1. Year 2009-2010만 사용하기 때문에 다른 시트는 삭제합니다.
2. StockCode, InvoiceDate, Customer ID 이외 열을 삭제하고 남은 3개 열의 제목을 다음과 같이 변경합니다.
   - StockCode → ITEM_ID
   - InvoiceDate → TIMESTAMP
   - Customer ID → USER_ID
3. 열을 USER_ID, ITEM_ID, TIMESTAMP 순으로 정렬합니다.
4. TIMESTAMP 열의 데이터 타입을 날짜 타입에서 long 타입으로 변경합니다(Excel로 변환하려면 '=(날짜 문자열-25569)*86400'이라는 계산을 합니다. 계산한 후에는 해당 계산 결과 값을 다른 줄로 복사하고 원래 날짜 문자열은 삭제해 주세요).
5. USER_ID가 비어 있는 행이 있으므로 Excel 필터 기능 등을 사용하여 삭제합니다.

TIMESTAMP 열의 계산은 그림 3-11-1과 같이 합니다.

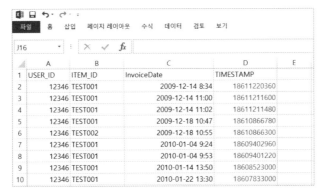

그림 3-11-1 Excel에서 TIMESTAMP 열 계산

저장한 CSV 파일은 그림 3-11-2와 같은 상태입니다. Amazon Personalize로의 데이터 Import는 S3에서 수행해야 하기 때문에 사전에 CSV 파일을 S3 버킷에 업로드해 둡시다.

그림 3-11-2 저장된 CSV 파일

다음으로 Amazon Personalize 대시보드에 있는 New dataset group의 [Get started] 버튼을 클릭합니다.

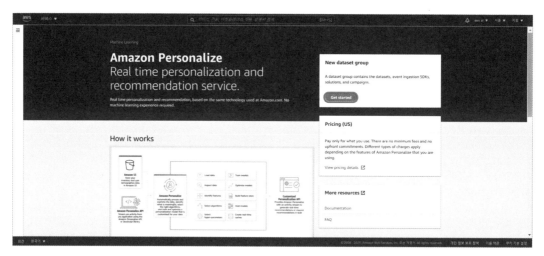

그림 3-11-3 신규 데이터 셋 그룹 생성

Create dataset group 화면이 나오면 적당한 데이터 그룹 이름을 붙이고 [Next] 버튼을 클릭합니다.

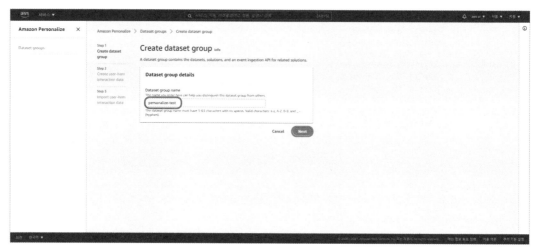

그림 3-11-4 Create dataset group 화면

Create user-item interaction data 화면이 열립니다. 먼저 필수 데이터 셋인 User-item interaction 데이터를 Import합니다. 임의의 이름을 Detaset name란에 입력하고 스키마를 설정합니다. 스키마는 이미 생성되어 있다면 거기에서 선택할 수 있습니다. 신규 스키마를 생성할 경우 [Create new schema]를 선택합니다.

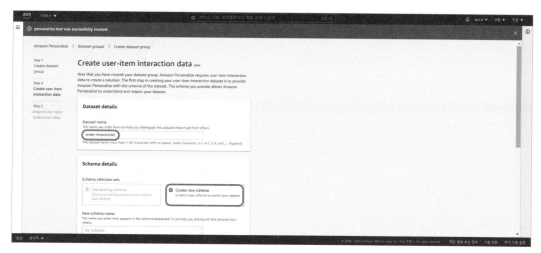

그림 3-11-5 Create user-item interaction data 화면

스키마를 새로 만들 경우에도 User-item interaction 데이터 셋 타입의 필수 항목(USER_ID, ITEM_ID, TIMESTAMP의 3개 항목)이 지정된 기본 스키마가 Schema definition란에 나타나며 해당 스키마를 그대로 사용할 수 있습니다. 이번에는 필수 3개 항목만 데이터를 Import하기 때문에 스키마에 임의의 이름을 붙이고 [Next] 버튼을 클릭합니다.

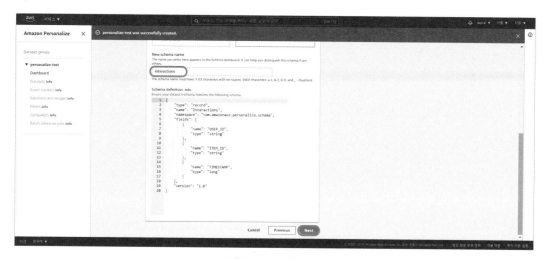

그림 3-11-6 스키마 설정

데이터 셋을 Import하기 위한 user-item interaction data 화면이 열립니다. Import는 비동기로 수행되기 때문에 JOB을 작성합니다. 적당한 JOB 이름을 Dataset import job name란에 입력합니다. Import하는 CSV 파일은 앞서 기술한 바와 같이 S3 버킷에서 수행하기 때문

에 Amazon Personalize에서 S3 버킷에 대한 접근 권한이 필요합니다. 접근 권한 설정 중 일부는 이 화면에서 수행할 수 있습니다. IAM service role란에 [Create a new role]을 선택합니다.

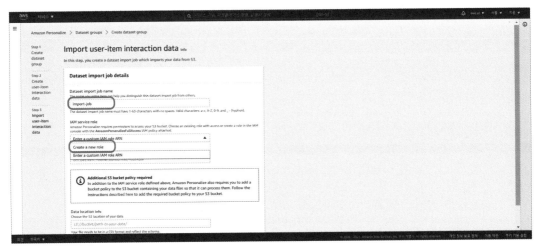

그림 3-11-7 Import user−item interaction data 화면

자동으로 Create an IAM role 화면이 열리면, 접근을 허용하는 S3 버킷을 지정하거나 [Any S3 bucket]을 선택하여 모든 S3 버킷에 접근을 허용하고 [Create role] 버튼을 클릭합니다.

그림 3-11-8 IAM Role 작성

조금 전에 Import user-item interaction data 화면으로 돌아오면, 작성한 IAM role이 선택된 상태가 보여집니다. 앞 절의 Amazon Forecast에서는, 나머지는 S3의 CSV 파일에 해당하는 경로를 지정하면 되는데 Amazon Personalize에서는 S3에서도 접근 권한을 설정해야 합니다. CSV 파일을 업로드한 S3 버킷 화면을 연 후 해당 버킷에 대한 액세스 권한 탭(Tab) 화면을 열어 버킷 정책(policy)에 아래의 내용을 입력합니다.

```
{
 "Version": "2012-10-17",
 "Id": "PersonalizeS3BucketAccessPolicy",
 "Statement": [
  {
    "Sid": "PersonalizeS3BucketAccessPolicy",
    "Effect": "Allow",
    "Principal": {
      "Service": "personalize.amazonaws.com"
    },
    "Action": [
      "s3:GetObject",
      "s3:ListBucket"
    ],
    "Resource": [
      "arn:aws:s3:::<버킷이름>",
      "arn:aws:s3:::<버킷이름>/*"
    ]
  }
 ]
}
```

이후 [저장] 버튼을 클릭하면 S3의 접근 권한 설정이 완료됩니다.

그림 3-11-9 S3의 접근 권한 추가

다시 Import user-item interaction data 화면으로 돌아가 Data location란에서 CSV 파일의 S3 경로(s3://〈버킷명〉/〈오브젝트명〉)를 지정합니다. 마지막으로 [Finish] 버튼을 클릭합니다.

그림 3-11-10 S3 경로 설정

여기까지 진행했다면 Amazon Personalize에 학습용 데이터가 import됩니다. 시간이 좀 걸리므로 Amazon Personalize 대시보드 등을 통해서 상황을 확인해 봅니다. Active로 표시되면 Import는 완료된 것입니다.

그림 3-11-11 데이터 셋 Import 확인

Amazon Personalize 대시보드에서 Datasets 화면을 열면 데이터 셋 그룹으로 Import 완료된 데이터 셋이 표시됩니다. 본 절에서는 User-item interaction 데이터 셋 타입의 데이터만 사용하는데, User 데이터 셋 타입과 Item 데이터 셋 타입의 데이터도 Import할 경우 이 화면에서 데이터 셋을 추가할 수 있습니다.

 이벤트 기록

본 절에서는 기존 이력 데이터를 Import하여 솔루션을 생성하지만, Amazon Personalize에서는 실시간 이벤트 데이터를 사용할 수도 있습니다. 또한 Import한 데이터와 리얼 타임(real time) 이벤트 데이터를 조합해 사용할 수도 있습니다.

실시간 이벤트 데이터를 사용하기 위해서는 이벤트가 발생하는 웹 사이트에 Amazon Personalize 이벤트 가져오기 SDK를 이용한 이벤트 기록 처리를 추가합니다. 자세한 내용은 Amazon Personalize 문서(https://docs.aws.amazon.com/personalize/latest/dg/recording-events.html)를 참조해 주세요.

3.11.4 솔루션 (솔루션 버전) 생성

데이터 셋 그룹을 생성했다면 다음으로는 솔루션을 생성합니다. Amazon Personalize에서는 데이터 셋 그룹에 Import한 데이터 셋을 이용하여 학습이 완료된 모델을 솔루션 버전이라고 부릅니다. 솔루션을 생성하면 솔루션 버전이 자동으로 생성됩니다. 솔루션 버전을 만든다는 것은 기계학습과 연관된 것으로, 말하자면 모델의 트레이닝에 해당합니다.

데이터 셋 Import가 완료된 후 Amazon Personalize 대시보드를 열면 Create solutions의 Start 버튼이 클릭 가능한 상태로 되어 있습니다. [Start] 버튼을 클릭합니다.

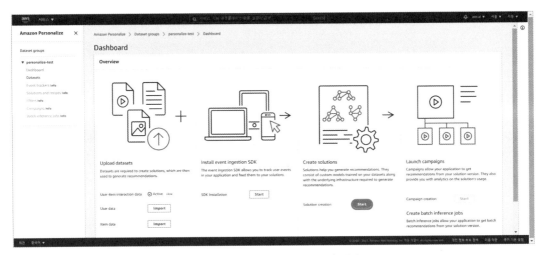

그림 3-11-12 솔루션(솔루션 버전) 생성

Create solution 화면이 열립니다. 지금 생성할 솔루션 이름을 Solution name란에 입력하고 다음으로 레시피 선택을 합니다. 레시피 선택은 화면 하단의 Recipe 풀다운 메뉴에서 import한 데이터 셋 타입 종류에 따라 최적이라고 생각하는 레시피를 사용자가 직접 선택합니다.

[Next] 버튼을 누르면 솔루션을 생성하기에 앞서 사용자가 선택한 레시피가 최선책이 아닌 경우 AWS에서 권고하는 레시피 선택 여부를 물어봅니다.

마지막으로 [Finish] 버튼을 선택하면 솔루션 생성이 시작됩니다.

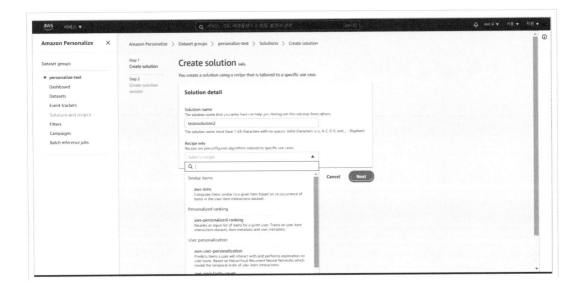

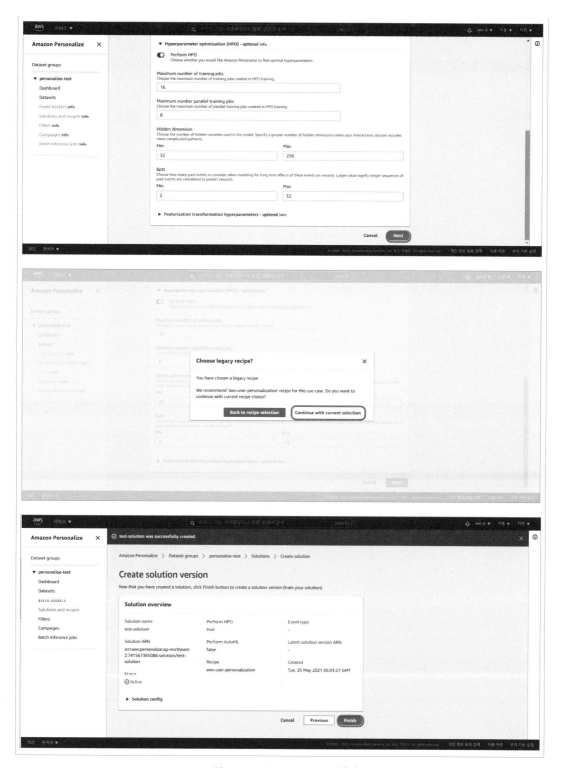

그림 3-11-13 Create solution 화면

솔루션 화면을 열면 결합된 솔루션 버전이 자동으로 생성되었음을 확인할 수 있습니다.

그림 3-11-14 솔루션 및 솔루션 버전

앞서 언급한 바와 같이 솔루션 버전 작성은 모델의 트레이닝에 해당하기 때문에 어느 정도의 시간이 걸립니다. 처리가 완료되면 상태가 Active 상태로 변합니다.

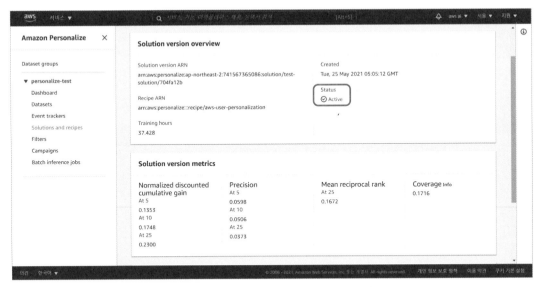

그림 3-11-15 Solution version overview 화면

솔루션 버전 화면에는 트레이닝이 끝난 모델의 정확도 평가지표에 해당하는 매트릭스가 표시됩니다. 이러한 매트릭스는 모두 추천을 하는 것에 자주 사용되며, 수치가 클수록 정확도가 높다는 것을 보여줍니다. 각각의 매트릭스 의미는 아래와 같습니다.

- **Normalized discounted cumulative**

  모델에서 생성한 DCG를 정답 값인 DCG로 나눈 것. DCG란 Recommendation 아이템을 내림차순으로 나열하여 마이너스 가중치를 부여하고 점수를 매긴 값을 말함

- **Precision**

  상위 K개(K 값은 At 값으로 표시됨) 모델에 의한 Recommendation 아이템 중 정답 값이 포함되는 비율

- **Mean reciprocal rank**

  모델에 의한 Recommendation 아이템 중 정답 값에 포함된 최상위 아이템의 순위가 r일 때 1/r 값의 평균

각각의 매트릭스는 At 5, At 10과 같은 단위로 계산되는데, 이것은 Recommendation 순위의 상위 몇 개까지(At 5면 상위 5개)의 값인지를 나타냅니다.

3.11.5 캠페인 생성

솔루션 및 솔루션 버전 생성이 끝나면 다음으로 캠페인을 생성합니다. 캠페인은 트레이닝이 끝난 모델(Solution version)을 API처럼 만든 것에 해당합니다. 추천을 실시간으로 획득해야 하는 경우에는 캠페인을 작성해야 합니다. 배치 처리를 해도 상관없는 경우라면 Batch interface job 기능을 이용하여 추천을 얻을 수 있습니다.

솔루션 버전 생성이 완료되면 Amazon Personalize 대시보드에 [Create new campaign] 버튼이 클릭 가능한 상태로 나타납니다. 클릭하여 캠페인 생성을 시작합니다.

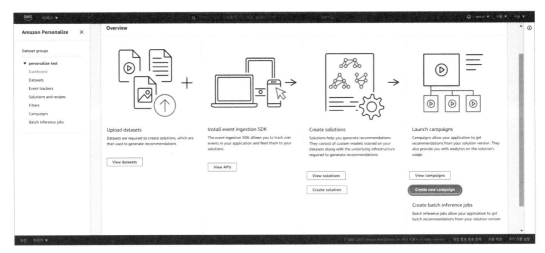

그림 3-11-16 신규 캠페인 생성

표시된 Create new campaign 화면에서 원하는 이름을 Campaign name란에 입력하고 사용할 솔루션 및 솔루션 버전을 선택합니다. Minimum provisioned transactions per second(최소 프로비저닝 TPS)는 1초간의 최소 트랜잭션 수로, 이는 요금 부과와 관계가 있습니다. 과금은 실제 사용한 Recommendation 트랜잭션 수에 따라 이루어지는데, 사용하지 않아도 최소 프로비저닝(provisioning) TPS 부분은 요금이 부과되므로 주의해야 합니다.

그림 3-11-17 Create new campaign 화면

마지막으로 [Create campaign] 버튼을 클릭하면 캠페인이 생성됩니다.

3.11.6 Recommendation 획득

캠페인 생성이 완료된 후 Amazon Personalize 대시보드에서 캠페인 화면을 엽니다. API 호출 시 사용하는 ARN(Amazon Resource Name)과 함께 Test campaign results 항목이 나타나고 테스트 형태의 추천을 얻을 수 있습니다. 여기서는 추천을 획득할 사용자 ID로 13085를 입력하고 [Get recommendations] 버튼을 클릭합니다.

그림 3-11-18 Recommendation 획득

그림 3-11-19와 같은 추천 결과(아이템 ID)가 표시되었습니다. 실제 활용에서는 API에서 이러한 추천을 획득하고 웹 사이트 등에 추천 아이템을 게재하는 것을 고려할 수 있습니다.

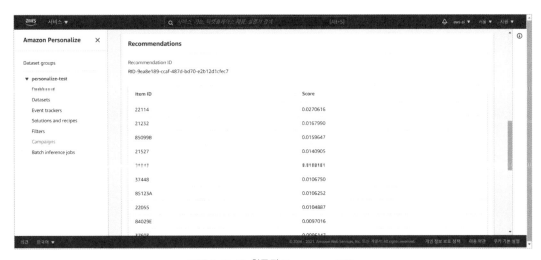

그림 3-11-19 획득된 Recommendation

Amazon Personalize를 사용하면 과거 구매 이력 데이터를 바탕으로 간단하게 추천하는 활동을 수행할 수 있습니다. 마케팅에서 예로부터 존재하는 방법으로, 폭넓은 고객(및 고객 후보)에게 1개의 상품·서비스를 어필하는 매스 마케팅이 이용되고 있었지만, 지금은 1명의 고객마다 각각의 Personalize한 상품·서비스를 제안하는 One to One 마케팅 수단이 필요하게 되었고 현재 주목을 끌고 있습니다.

Personalize를 위한 IT 시스템이나 통계학, 기계학습 활용은 날마다 연구가 진행되고 있습니다. 그러한 연구의 선구자가 Amazon이며 Amazon Personalize는 그 연구 성과를 실제로 사용할 수 있는 형태로 일반에게 공개했다고 할 수 있습니다. Amazon Personalize는 One to One으로 상품이나 서비스를 추천할 때 유용한 서비스입니다.

Amazon SageMaker

AI 서비스를 사용할 수 있게 되었다면, 다음으로 독자적인 모델을 자유롭게 만들 수 있는 Amazon SageMaker에 도전해 봅시다.

SageMaker에서는 모델을 만들 때 미리 준비되어 있는 내장된(Embedded) 알고리즘뿐만 아니라 독자적인 알고리즘을 이용할 수 있습니다. 또한 만들어진 모델을 AWS 환경에 배포함으로써 실제 시스템에서 호출하여 사용할 수도 있습니다. SageMaker를 잘 다룸으로써 보다 본격적으로 AI를 활용해 봅시다.

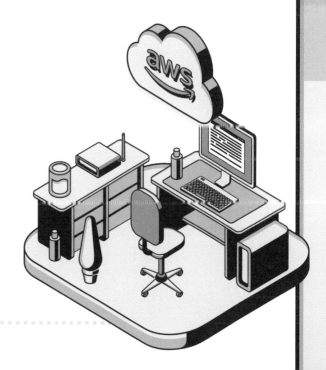

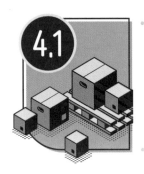

SageMaker란 무엇인가?

4.1.1 SageMaker로 할 수 있는 일

Amazon SageMaker(이하 SageMaker)에서는 학습 데이터 가공이나 교사 데이터 생성, 기계학습 알고리즘을 이용한 모델 생성, 생성된 모델에 대한 학습, 학습이 끝난 모델의 배포 (Deploy, 전개)라는 기계학습 관련 일련의 프로세스를 실시하는 기능이 제공되고 있습니다. 모델은 SageMaker의 내장된(embedded) 알고리즘이나 scikit-learn[1], TensorFlow라는 기계학습 프레임워크에서 제공되는 기계학습 알고리즘 등을 이용하여 생성합니다. 또한 서드 파티 구축이 완료된 알고리즘을 AWS Marketplace[2]에서 구입하여 사용할 수도 있습니다.

4.1.2 SageMaker 사용 시작

SageMaker를 사용하려면 AWS 콘솔의 서비스 목록에서 'SageMaker'를 클릭합니다. SageMaker는 Web 화면의 콘솔이나 노트북을 사용해 조작하는 것 외에 제3장에서 설명한 많은 AI 서비스처럼 Python SDK 등에서 API 조작을 통해 사용할 수도 있습니다.

우선 웹 화면에서 SageMaker 콘솔을 열어보도록 하겠습니다.

---

1 scikit-learn은 기계학습에서 많이 사용되는 Python 라이브러리입니다. 사용하는 알고리즘은 달라도 분류나 회귀 등의 처리를 동일한 구문의 프로그램으로 기술할 수 있습니다. 본서에서는 SageMaker의 삽입 알고리즘을 이용한 기계학습 모델 생성에 대해 설명하고 있지만, scikit-learn에 익숙한 분이라면 SageMaker에서 scikit-learn을 사용해 모델을 생성하는 것도 하나의 선택 사항이 될 수 있습니다.

2 AWS Marketplace에서 본 책 집필 시점에 61개 알고리즘이 판매되고 있습니다. 예를 들어 문장의 유사도 판정이나 수요 예측 같은 모델을 구축하기 위한 알고리즘 등이 있습니다.

그림 4-1-1 SageMaker 콘솔

4.1.3 SageMaker 기능과 화면 구성

SageMaker 기능은 화면 좌측 메뉴에서 보는 것처럼 Ground Truth, 노트북, 훈련, 추론 등의 범주로 분류되어 있습니다.

제2장에 언급한 기계학습 워크플로우 그림에 SageMaker 기능을 매핑하면 그림 4-1-2와 같습니다. 준비한 데이터에 대해 교사 데이터를 생성하는 'Ground Truth(라벨링)', 데이터를 가공하거나 기계학습 알고리즘을 선택 또는 생성해 모델을 만드는 '노트북', 데이터를 사용해 모델을 학습시키는 '학습', 이미 학습한 모델을 배포(deploy)하는 '추론'이라는 SageMaker 기능을 이용하는 것으로 기계학습을 보다 깊게 활용할 수 있습니다.

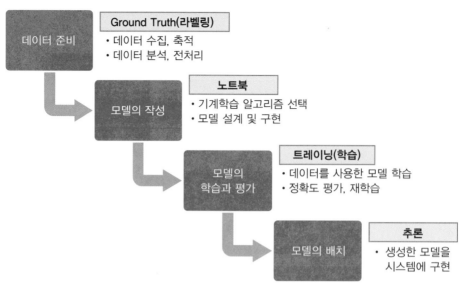

그림 4-1-2 기계학습의 워크플로우(SageMaker 기능을 매핑)

다음 항에서 각각의 카테고리에 따라 기능을 간단하게 설명하겠습니다.

4.1.4 Ground Truth(라벨링)

기계학습은 크게 '지도 학습'과 '비지도 학습'으로 나눌 수 있습니다(여기에 강화 학습을 더하기도 합니다). 지도 학습에서는 학습 데이터와 쌍이 되는 교사 데이터를 준비할 필요가 있습니다. 예를 들면 손으로 기록한 0~9 숫자를 분류하는 기계학습 모델을 생성하는 경우 0, 1, 2…와 같이 손으로 쓴 숫자의 이미지 데이터는 학습 데이터입니다. 손으로 0이라고 쓰여져 있는 이미지 데이터에 대해서 그 이미지는 0으로 읽으면 정답임을 나타낼 필요가 있습니다. 그렇게 정답을 나타내는 데이터를 교사 데이터 또는 라벨이라고 합니다.

SageMaker의 Ground Truth에서 제공하는 기능은 이 교사 데이터를 생성하기 위한 것입니다. 학습 데이터 하나하나에 라벨을 붙여가는 작업은 학습 데이터 자체를 준비하는 경우에 비해 매우 번거롭습니다. 이러한 작업을 라벨링 JOB 형태로 SageMaker에서 관리하고 공동으로 수행할 수 있습니다. 또한 라벨링을 하는 노동력은 AWS에서 제공하는 외부 자원(인원)을 이용할 수도 있습니다.

4.1.5 노트북

SageMaker에서는 Python을 이용한 데이터 사이언스 현장에서 자주 사용되는 Jupyter Notebook을 사용할 수 있습니다. SageMaker에서 Jupyter Notebook을 사용하면 로컬 PC에 별도의 사용 환경을 준비할 필요가 없고 또한, 많은 기계학습 프레임워크가 미리 도입되어 있어 편리합니다. 노트북을 GitHub 등의 Git 저장소로 관리하기 위한 기능도 제공하고 있습니다.

SageMaker에서 노트북을 사용하기 위해서는 노트북 인스턴스(instance)를 생성합니다. 노트북 인스턴스는 여러 개를 만들 수 있으며, 한 개의 노트북 인스턴스에는 여러 개의 노트북을 만들 수 있습니다.

SageMaker에서의 기계학습 모델 생성 작업은 SageMaker 상단의 노트북을 사용하여 실시하는 경우가 일반적입니다. 다만, 다수의 작업은 Python SDK를 이용해서 로컬 PC의 Jupyter Notebook을 사용할 수도 있고 SageMaker의 콘솔 조작(노트북을 사용하지 않음)만으로 모델을 생성하는 것도 가능하기 때문에 작업의 내용이나 PC 환경 등에 따라 적절하게 구분하는 것이 좋습니다.

4.1.6 트레이닝(학습)

학습 메뉴는 SageMaker에서 기계학습(트레이닝)을 관리하기 위한 기능입니다. 구체적으로는 기계학습 알고리즘 관리 기능이나 학습 데이터를 사용한 모델 학습 기능 이외 하이퍼 파라미터[3]를 자동으로 조정하고 학습이 끝난 최적의 모델을 생성하는 기능도 제공되고 있습니다.

SageMaker에 내장되어 있는 알고리즘을 사용하는 경우에는 콘솔 조작만으로 CSV 데이터를 사용해 학습을 하고 모델을 생성할 수 있습니다. 또한 노트북을 사용해 조작하는 경우에도(로컬 PC의 Jupyter Notebook으로 SageMaker를 조작하는 경우를 포함) 모델 학습은 콘솔에서 일원적으로 관리됩니다.

---

3 하이퍼 파라미터란 모델 학습에 관해 사용자가 스스로 지정하는 파라미터를 말합니다. 모델 학습이란 모델 내부에 있는 파라미터를 기계학습으로 자동 조정하는 것을 말합니다. 모델 내부에 있는 파라미터와 구별하기 위해 기계학습으로 인해 자동 조정 대상이 되지 않는 파라미터를 '하이퍼 파라미터'라고 부르고 있습니다. SageMaker의 하이퍼 파라미터 조정 작업은 이 하이퍼 파라미터를 자동 조정 대상으로 하고 있습니다

4.1.7 추론

추론 메뉴에서는 SageMaker의 학습 기능 이외, 다른 환경에서 생성한 학습이 끝난 모델을 배포(deploy)하고 다른 애플리케이션에서 사용하기 위한 End point 생성 기능이나, 대량 데이터를 배치 작업을 통해 추측 처리하는 기능이 제공되고 있습니다.

4.1.8 S3 버킷 준비와 IAM Role 생성

SageMaker에서는 학습 데이터나 학습이 끝난 모델 등을 저장하기 위해 S3를 많이 사용합니다. 따라서 제3장에서 연습으로 사용한 S3 버킷을 그대로 사용하거나 혹은 본 장의 연습을 위해서 S3 버킷을 새롭게 생성하여 준비해 둡시다.

SageMaker는 서울(ap-northeast-2) 리전에서도 제공되고 있습니다. 서울 리전을 사용하는 경우는 S3 버킷도 ap-northeast-2에 생성합니다(S3 버킷 생성은 '3.2.8 S3 버킷 생성 및 파일 업로드'에서 설명하고 있으므로 참고해 주세요).

SageMaker로 작업을 진행할 때는 'AmazonSageMakerFullAccess' IAM 정책과 SageMaker에서 사용하는 S3 버킷에 대한 접근 권한을 가지는 'IAM Role'[4]이 필요합니다. 우선 이것들을 생성해 둡시다. IAM Role 생성은 AWS 콘솔에서 IAM 화면을 열어서 하는 방법도 있지만, SageMaker 훈련 JOB 생성 화면에서 자동으로 생성할 수도 있습니다. SageMaker 화면에서 생성을 해야 권한의 누락이 없습니다.

SageMaker 콘솔의 훈련에서 훈련 작업 화면을 열고 [훈련 작업 생성] 버튼을 클릭합니다.

---

4 IAM Role은 IAM에서 부여할 수 있는 다양한 권한 조합을 정의한 것입니다. 여기에서는 노트북 인스턴스에 S3 버킷에 대한 접근 권한을 가지는 IAM Role을 설정하고 있습니다. 이를 통해 노트북 실행 시 S3 버킷에 있는 데이터를 읽거나 처리 결과를 S3 버킷에 쓸 수 있습니다.

그림 4-1-3 훈련 작업 화면

훈련 작업 생성 화면이 표시되면 IAM Role 풀다운 메뉴를 열고 [새 역할 생성]을 선택합니다.

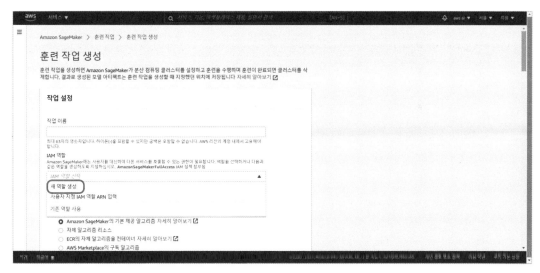

그림 4-1-4 훈련 작업 생성 화면

　IAM Role을 생성하는 화면이 열리면, SageMaker에서 사용하는 S3 버킷을 콤마(comma)
로 구분하여 '특정 S3 버킷'란에 입력합니다. 여기서 지정한 S3 버킷 외의 이름에 'sagemaker'
라고 하는 문자열을 포함한 S3 버킷에 접근 권한이 설정됩니다. 다음으로 [역할 생성] 버튼을 클
릭합니다.

그림 4-1-5 IAM 역할 생성

IAM Role 명칭이 자동으로 설정되고 IAM Role 생성이 완료됩니다.

그림 4-1-6 IAM 역할 생성 완료

본 항에서는 훈련 작업 생성 화면을 열었지만, IAM Role 생성을 완료했기 때문에 이 화면을
닫아도 문제는 없습니다.

4.1.9 SageMaker의 과금 체계

제3장에서 설명했듯이 AI 서비스는 기본적으로 API를 호출할 때마다 과금이 이루어지지만, 본서의 샘플 코드를 테스트하는 정도라면 요금은 몇 백 원~몇 천 원 정도입니다. 한편, SageMaker는 인스턴스가 실행되고 있으면 실제로는 사용하지 않아도 시간 단위로 과금되는 경우가 있습니다. 참고로 본서 집필 시점에 아시아 퍼시픽(서울) 인스턴스에서 요금 기준은 아래와 같습니다.

- 노트북 Instance 0.0608USD/시간 (ml.t2.medium) → 약 44USD/월
- 온디맨드 ML 학습 0.174USD/시간 (ml.m5.large)
- 실시간 추론용 온디맨드 ML 호스팅 Instance 0.0851USD/시간 (ml.t2.medium) → 약 61USD/월
- 배치 변환용 온디맨드 ML Instance 0.174USD/시간 (ml.m5.large)
- ML 스토리지 : 프로비저닝된 스토리지에 0.168USD/GB/월
- 데이터 처리량 (입력) 0.016USD/GB
- 데이터 처리량 (출력) 0.016USD/GB

이 중 노트북 인스턴스와 실시간 추론용 온디맨드 ML 호스팅 인스턴스(모델의 End point 생성 시 부과됨)는 인스턴스를 만들고 사용한 후 방치하기 쉽습니다. 노트북은 특별한 필요가 없으면 로컬 PC의 Jupyter Notebook을 사용해도 문제가 없습니다. 또한 실전 시스템에서 사용하지 않는 한 End point를 계속 동작시킬 필요는 없습니다.

노트북 인스턴스와 실시간 추론용 온디맨드 ML 호스팅 인스턴스를 가동 상태로 방치하면 한 달에 십만 원 이상의 과금이 발생하므로 불필요한 경우 정지나 삭제합니다.

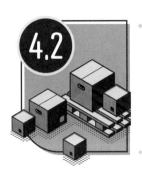

SageMaker 노트북 사용하기

4.2.1 SageMaker 노트북

SageMaker 노트북은 웹 브라우저에서 Python 프로그램을 코딩하고 실행하기 위한 서비스입니다. 제3장에서 사용한 로컬 PC의 Jupyter Notebook과 동일하며 특히, 기계학습에서는 무거울 수 있는 계산 처리를 AWS 클라우드를 이용하여 수행하는 서비스라고 생각하면 됩니다. SageMaker에서는 널리 사용되는 Jupyter Notebook뿐만 아니라 그 후속으로 개발된 JupyterLab도 사용할 수 있습니다.

4.2.2 노트북 인스턴스 생성

SageMaker에서 노트북을 사용하려면 먼저 노트북 인스턴스를 생성해야 합니다. SageMaker 콘솔 메뉴에서 [노트북 인스턴스]를 선택하고 화면에서 [노트북 인스턴스 생성] 버튼을 클릭합니다.

그림 4-2-1 노트북 인스턴스

노트북 인스턴스에 원하는 이름을 붙이고 화면 하단의 [노트북 인스턴스 생성] 버튼을 클릭합니다.

그림 4-2-2 노트북 인스턴스 생성

노트북 인스턴스가 만들어질 때까지 시간이 좀 걸립니다. 노트북 인스턴스 상태는 생성 버튼을 클릭한 직후에는 Pending 상태이고 인스턴스 생성이 완료되면 InService 상태가 됩니다.

그림 4-2-3 노트북 인스턴스 생성 완료

노트북 인스턴스 상태가 InService가 되면 [Jupyter 열기] 링크를 클릭합니다. Jupyter Notebook 화면이 나타납니다.

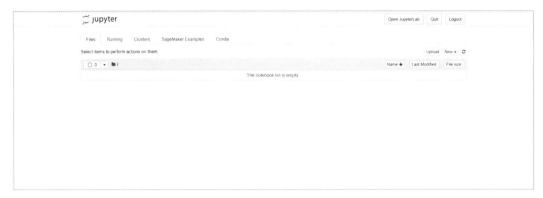

그림 4-2-4 SageMaker의 Jupyter Notebook

JupyterLab을 사용하는 경우에는 [JupyterLab 열기]를 클릭합니다.

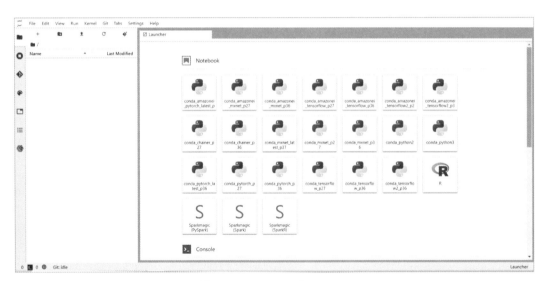

그림 4-2-5 SageMaker의 JupyterLab

SageMaker 노트북에는 Python 2와 3의 환경뿐만 아니라 TensorFlow, Chainer[5], PyTorch[6] 같은 기계학습 프레임워크가 이미 도입된 환경도 준비되어 있습니다. 또한 표준

---

5 Chainer는 일본 Preferred Networks社에서 개발한 딥러닝용 프레임워크입니다. Chainer 자체가 Python으로 기술되어 있고 뉴럴 네트워크 (neural network) 구조를 쉽고 직관적으로 기술할 수 있다는 특징이 있습니다.

6 PyTorch는 원래 페이스북社 인공지능 연구 그룹에 의해 개발된 딥러닝 프레임워크입니다. 주로 연구 목적으로 사용되고 있습니다.

Python 2와 3 환경에도 Numpy[7]나 Pandas[8] 같은 데이터 분석용 라이브러리나 scikit-learn
이 도입된 상태로 바로 사용할 수 있게 되어 있습니다.

4.2.3 노트북 사용

그럼 실제로 노트북을 사용해 볼까요? 이번에는 JupyterLab이 아닌 Jupyter Notebook을 사
용합니다. 앞에서 설명한 대로 노트북 인스턴스 화면에서 [Jupyter 열기]를 클릭하여 Jupyter
Notebook을 엽니다. 이후 그림 4-2-6과 같이 [New] 풀다운 메뉴에서 [conda_python3]를
선택합니다.

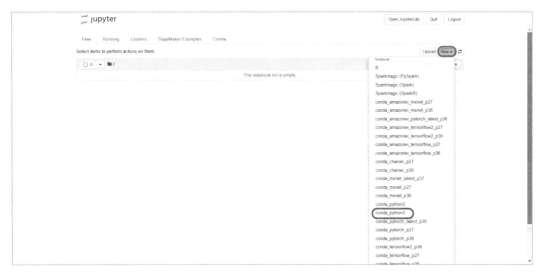

그림 4-2-6 노트북 생성

그림 4-2-7과 같이 노트북이 열립니다. 여기에서는 로컬 PC의 Jupyter Notebook과 마찬
가지로 Python을 통한 코딩 및 실행이 가능합니다. 다음 절에서는 이 노트북을 사용하여 모델
생성부터 Deploy까지 순차적으로 진행합니다.

---

7 Numpy는 Python에서 수치 계산을 하기 위한 라이브러리입니다. Numpy는 C 언어나 Fortran에 기술되어 있으며 순수하게 Python을 사용하는
경우보다 고속으로 수치 계산을 할 수 있습니다. 기계학습(딥러닝 포함)에서는 수치 계산을 대량으로 해야 하는데 Numpy는 많은 경우에 사용되고
있습니다.

8 Pandas는 Python을 사용하여 데이터 분석을 할 때 널리 활용되고 있는 라이브러리입니다. CSV나 SQL을 이용한 데이터 판독 및 데이터 조작을
고속으로 실시할 수 있는 데이터 프레임의 작성. 집계 등 계산 처리 외에 시계열 데이터 취급. Matplotlib 그래프 그리기 라이브러리와 조합한 데이
터 가시화 등을 할 수 있습니다.

그림 4-2-7 노트북

4.2.4 노트북 인스턴스 정지

노트북 인스턴스는 실제로 사용하지 않고 있다고 하더라도 실행 상태로 되어 있으면 과금 대상
이 됩니다. 따라서 노트북을 사용하지 않을 경우 노트북 인스턴스는 정지해 두는 것이 좋습니다.
SageMaker 콘솔에서 노트북 인스턴스 상세 화면을 열고 [중지] 버튼을 클릭합니다.

그림 4-2-8 노트북 인스턴스 정지

노트북을 다시 사용하고자 하는 경우에는 동일한 화면에서 [시작] 버튼을 눌러 노트북 인스턴
스를 실행합니다.

SageMaker 내장 알고리즘으로 모델 생성

4.3

4.3.1 SageMaker 내장 알고리즘을 이용한 모델 생성

기계학습 모델을 만들기 위해서는 일반적으로 scikit-learn이라든가 TensorFlow와 같은 기계학습 프레임워크를 사용하는 경우가 많습니다. SageMaker에서도 다양한 기계학습 프레임워크를 노트북으로 곧바로 사용할 수 있도록 되어 있어 생성한 모델을 SageMaker에 Deploy할 수 있습니다. SageMaker에서 모델을 생성할 때 처음으로 검토해야 하는 것은 SageMaker에 내장되어 있는 알고리즘을 일반적인 기계학습 프레임워크 대신에 사용하는 것입니다. 본 절에서는 그러한 내장 알고리즘을 사용해서 학습이나 End point 생성 같은 SageMaker에서 수행되는 일련의 작업을 체험해 봅니다.

 SageMaker 콘솔을 사용한 모델 생성

SageMaker는 콘솔 조작만으로 모델을 생성할 수 있습니다. 우선 콘솔의 훈련 작업 화면을 표시하고 [훈련 작업 생성] 버튼을 클릭합니다. 다음으로 훈련 작업 생성 화면이 표시되면 알고리즘을 선택하고 Hyper parameter나 훈련 데이터 등을 지정합니다.

알고리즘은 SageMaker의 내장 알고리즘에서 선택해서 사용할 수 있습니다.

그림 4-3-1 알고리즘 선택

알고리즘을 선택하면 그 알고리즘에서 지정 가능한 Hyper parameter가 표시되므로 편집합니다.

그림 4-3-2 Hyper parameter 편집

훈련 데이터의 입력 데이터로써 S3에 업로드한 파일을 지정합니다. Linear Learner를 비롯한 많은 알고리즘에는 CSV 데이터를 사용할 수 있습니다. CSV 데이터는 칼럼의 맨 앞에 목적 변수를 두고 칼럼 이름 행은 만들지 않는다는 규칙이 있습니다.

그림 4-3-3 입력 데이터 설정

다음으로 훈련을 마친 모델을 저장할 S3 출력 경로를 지정한 후 [훈련 작업 생성] 버튼을 클릭합니다. 본 장에서 설명하고 있는 노트북을 사용한 방법처럼 모델 학습이 개시됩니다.

이와 같이 SageMaker 콘솔을 사용하면 간단한 작업으로 모델을 만들 수 있지만, 많은 경우에서 필요한 학습 데이터 가공은 노트북을 사용하는 것이 편리합니다. 본 장에서 설명하고 있듯이 데이터 확인에서 가공, 훈련 JOB의 생성까지 조작은 노트북으로 일관하는 것이 좋다고 생각합니다.

본 장에서는 SageMaker의 내장 알고리즘을 사용하고 있지만, 일반적으로 이용되는 기계학습 체제를 SageMaker의 노트북으로 사용하거나 생성한 모델을 SageMaker에 Deploy할 수도 있습니다. SageMaker의 Python SDK에서는 아래의 기계학습 체제를 지원하고 있습니다.

- Apache Spark
- TensorFlow
- Apache MXNet
- scikit-learn
- PyTorch
- Chainer
- SparkML Serving

상세한 내용은 공식 레퍼런스 'Amazon SageMaker에 의한 Machine Learning 프레임워크 사용'(https://docs.aws.amazon.com/sagemaker/latest/dg/frameworks.html)를 참조해 주세요.

4.3.2 SageMaker의 내장 알고리즘이란?

SageMaker에는 17가시 종류의 알고리즘이 내장 알고리슴으로 제공되고 있습니다. 범용적 알고리즘으로는 지도 학습으로 분류나 회귀를 실시하는 선형 학습자(Linear Learner)나 XGBoost, 비지도 학습인 K-Means나 주성분분석(PCA) 등이 있습니다(이들에 대해서는 다음 절에서 설명합니다). 또한 이미지나 문장이라는 수치 이외의 데이터를 취급하는 알고리즘도 제공되고 있습니다. 예를 들면, 이미지를 취급하는 것으로는 이미지 분류나 오브젝트 검출이 있습니다. 문장을 다루는 것으로는 BlazingText(텍스트 분류)와 NTM(Neural Topic Model, 문장을 분류하기 위해 토픽을 특정)과 같은 알고리즘이 제공되고 있습니다.

본 절에서는 SageMaker에서 모델을 생성하는 기본을 이해하기 위해 선형회귀 알고리즘을 사용하여 보스턴市의 주택 가격을 예측하는 회귀 모델을 생성합니다. 그 밖의 알고리즘에 대해서는 다음 절에서 설명하겠습니다. 우선적으로 본 절에서 배우는 조작에 익숙해지고 난 후 독자 여러분이 스스로 모델을 생성할 때 적절한 알고리즘을 사용할 수 있다면 좋을 것입니다.

4.3.3 훈련 데이터 준비

보스턴市의 주택 가격에 관한 데이터 셋(Boston house-prices[9])는 UCI(캘리포니아 대학 어바인校)의 Machine Learning Repository에서 제공되고 있지만, scikit-learn을 사용하면 간단하게 준비할 수 있으므로 여기에서는 그 방법을 사용합니다. 노트북을 열고 아래 코드를 실행합니다.

```python
from sklearn.datasets import load_boston
boston = load_boston()

print('data:', boston.data[0])
print('target:', boston.target[0])
print('feature_names:', boston.feature_names)
```

```
In [1]:  from sklearn.datasets import load_boston
         boston = load_boston()

         print('data:', boston.data[0])
         print('target:', boston.target[0])
         print('feature_names:', boston.feature_names)

         data: [6.320e-03 1.800e+01 2.310e+00 0.000e+00 5.380e-01 6.575e+00 6.520e+01
          4.090e+00 1.000e+00 2.960e+02 1.530e+01 3.969e+02 4.980e+00]
         target: 24.0
         feature_names: ['CRIM' 'ZN' 'INDUS' 'CHAS' 'NOX' 'RM' 'AGE' 'DIS' 'RAD' 'TAX' 'PTRATIO'
          'B' 'LSTAT']
```

그림 4-3-4 데이터 셋 취득과 표시

load_boston() 함수로 데이터 셋을 취득합니다. 설명 변수는 data, 목적 변수는 target 목록에 세팅이 되어 있습니다.

설명 변수 칼럼명이 feature_names에 있으며 이것의 의미는 표 4-3-1과 같습니다. 목적 변수 값은 집주인이 소유한 주택 가격의 중앙값을 1,000달러 단위로 나타낸 것입니다.

9 Harrison, D. and Rubinfeld, D.L. (1978) Hedonic prices and the demand for clean air. J. Environ. Economics and Management 5, 81 – 102.
Belsley D.A., Kuh, E. and Welsch, R.E. (1980) Regression Diagnostics. Identifying Influential Data and Sources of Collinearity. New York: Wiley.

표 4-3-1 설명 변수 칼럼

칼럼명	설명
CRIM	인구 1인당 범죄 발생률
ZN	25,000평방피트 이상의 주거 구역이 차지하는 비율
INDUS	소매업 이외의 상업이 차지하는 비율
CHAS	1 : 찰스강 주변, 0 : 그 외
NOX	NOx(대기오염의 원인이 되는 질소산화물) 농도
RM	주거하는 평균 방의 개수
AGE	1940년 이전에 지어진 건물 비율
DIS	보스턴 시내에 있는 5개 고용 시설로부터의 거리를 가중시킨 값
RAD	순환고속도로 접근 용이성
TAX	10,000달러당 부동산 세율 총계
PTRATIO	마을별 아동과 교사 비율
B	마을별 흑인 비율
LSTAT	급여가 낮은 직업에 종사하는 인구 비율

Pandas를 사용해서 데이터를 표현해 봅시다.

```
import pandas as pd
df = pd.DataFrame(boston.data, columns=boston.feature_names)
df['PRICE'] = boston.target
df.head()
```

```
In [2]: import pandas as pd
        df = pd.DataFrame(boston.data, columns=boston.feature_names)
        df['PRICE'] = boston.target
        df.head()
Out[2]:
```

	CRIM	ZN	INDUS	CHAS	NOX	RM	AGE	DIS	RAD	TAX	PTRATIO	B	LSTAT	PRICE
0	0.00632	18.0	2.31	0.0	0.538	6.575	65.2	4.0900	1.0	296.0	15.3	396.90	4.98	24.0
1	0.02731	0.0	7.07	0.0	0.469	6.421	78.9	4.9671	2.0	242.0	17.8	396.90	9.14	21.6
2	0.02729	0.0	7.07	0.0	0.469	7.185	61.1	4.9671	2.0	242.0	17.8	392.83	4.03	34.7
3	0.03237	0.0	2.18	0.0	0.458	6.998	45.8	6.0622	3.0	222.0	18.7	394.63	2.94	33.4
4	0.06905	0.0	2.18	0.0	0.458	7.147	54.2	6.0622	3.0	222.0	18.7	396.90	5.33	36.2

그림 4-3-5 Pandas를 이용한 데이터 표시

다음은 데이터간 산포도 행렬을 생성하고 상관관계를 살펴봅시다.

```
%matplotlib inline
import matplotlib.pyplot as plt

pd.plotting.scatter_matrix(df, figsize=(15,15), range_padding=0.2)
```

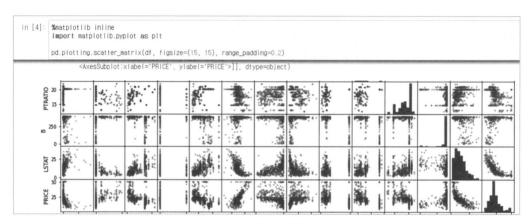

그림 4-3-6 산포도 행렬 표시

목적 변수인 시장 가격(PRICE)은 산포도 행렬의 오른쪽 끝 줄입니다. 상관관계에 대해 살펴보면 예를 들어, 주거하는 평균 방의 개수(RM)와의 사이에서는 정비례 관계(평균 방 수가 많을수록 주택 가격이 높다), 급여가 낮은 직업에 종사하는 인구의 비율(LSTAT)과는 부의 상관관계(급여가 낮은 직업에 종사하는 인구가 적을수록 주택 가격이 높다)와 같은 데이터의 경향이 파악됩니다.

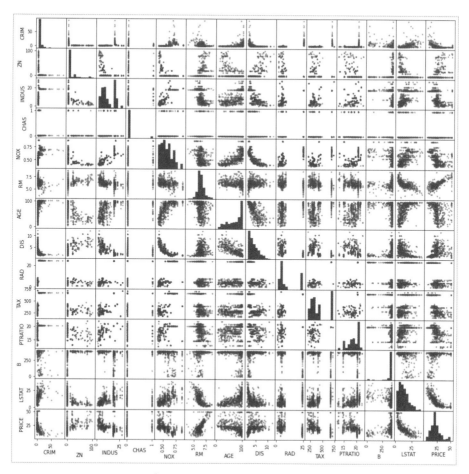

그림 4-3-7 보스턴市 주택 가격 산포도 행렬

4.3.4 훈련 데이터 가공

데이터 경향을 파악했다면, 다음은 훈련 데이터로 사용할 수 있는 형태로 가공해야 합니다. 이번에는 모든 데이터를 그대로 사용하기 때문에 해야 할 일은 다음 두 가지입니다.

- 데이터 타입을 float32 타입으로 변환한다
- 데이터를 학습 데이터, 검증 데이터, 테스트 데이터 3개로 분할한다

scikit-learn에서 취득한 데이터 셋은 float64로 값이 세팅되어 있지만, SageMaker 입력 데이터는 float32 타입으로 맞출 필요가 있으므로 아래의 코드로 변환시킵니다.

```python
print('boston.data:', boston.data.dtype)
data = boston.data.astype('float32')
print('data:', data.dtype)

print('boston.target:', boston.target.dtype)
target = boston.target.astype('float32')
print('target:', target.dtype)
```

```
print('boston.data:', boston.data.dtype)
data = boston.data.astype('float32')
print('data:', data.dtype)

print('boston.target:', boston.target.dtype)
target = boston.target.astype('float32')
print('target:', target.dtype)

boston.data: float64
data: float32
boston.target: float64
target: float32
```

그림 4-3-8 데이터 타입 변환

기계학습을 실시할 때 데이터를 학습 데이터, 검증 데이터, 테스트 데이터 3개로 분할하는 것이 일반적입니다. 기계학습에서 모델 학습은 우선, 학습 데이터를 이용해 실시합니다. 또한 그 정확도를 검증하기 위해서 검증 데이터, 최종적으로 완성된 데이터를 테스트하기 위해서 테스트 데이터를 이용합니다.

데이터 분할은 scikit-learn에서 제공되는 함수를 사용하는 것이 좋습니다. 다음 코드에서는 우선 전체(506건)의 20%(102건)를 테스트 데이터로 확보합니다. 그다음 남은 80%를 한층 더 분할해 그 30%(122건)를 검증 데이터로 합니다. 그 나머지가 학습 데이터(282건)입니다.

```python
from sklearn.model_selection import train_test_split
X_train, X_test, y_train, y_test = train_test_split(data, target, test_
size=0.2)
print(len(X_train), len(X_test))

X_train, X_valid, y_train, y_valid = train_test_split(X_train, y_train, test_
size=0.3)
print(len(X_train), len(X_valid))
```

```
from sklearn.model_selection import train_test_split
X_train, X_test, y_train, y_test = train_test_split(data, target, test_size=0.2)
print(len(X_train), len(X_test))

X_train, X_valid, y_train, y_valid = train_test_split(X_train, y_train, test_size=0.3)
print(len(X_train), len(X_valid))

404 102
282 122
```

그림 4-3-9 데이터의 분할

4.3.5 Hyper parameter 설정과 S3에 데이터 업로드

다음으로 Hyper parameter를 설정하는 동시에 준비한 데이터를 S3에 업로드합니다. Sage Maker에서는 Python용 SDK가 Boto3와는 별도로 준비되어 있어 그것을 사용해 모델을 생성합니다.

우선, 아래의 코드를 실행하고 SageMaker에서 사용하는 IAM Role을 취득합니다. '4.1.8 S3 버킷 준비와 IAM Role 생성'에서 생성한 IAM Role이 취득될 것입니다.

```
import boto3
import sagemaker
from sagemaker import get_execution_role

role = get_execution_role()
print(role)
```

```
import boto3
import sagemaker
from sagemaker import get_execution_role

role = get_execution_role()
print(role)

arn:aws:iam::
```

그림 4-3-10 IAM Role 취득

다음으로 이번에 사용할 선형 학습자(Linear Learner) 알고리즘의 인스턴스를 생성합니다. 이때 다양한 인수를 지정할 수 있습니다. 최소한 필요한 것은 IAM Role, 훈련에 사용할 인스턴스의 개수(train_instance_count)와 타입(train_instance_type) 그리고 어떤 예측을 하고 싶은지(predictor_type)입니다. predictor_type은 binary_classifier(이진 분류), multiclass_classifier(다중 분류), regressor(회귀) 중 하나로 지정합니다. output_path는 모델을 저장할

S3 버킷과 Prefix를 지정하는데 필수는 아닙니다. Hyper parameter도 여기서 설정[10]하지만 디폴트 상태로도 학습은 가능합니다.

```
linear = sagemaker.LinearLearner(
  role,
  train_instance_count=<Instance 수 예시: 1>,
  train_instance_type='<Instance 타입 예:ml.m5.large>',
  output_path='<모델을 저장하는 S3 버킷과 Prefix>',
  predictor_type='regressor',
  epochs=<epoch 수>,
  early_stopping_patience=<조기 종료 안되는 epoch 수>
)
```

이번 회는 train_instance_count를 1, train_instance_type을 ml.m5.large로 하고 predictor_type은 regressor를 지정합니다. output_path는 '4.1.8 S3 버킷 준비와 IAM Role 생성'에서 준비한 S3 버킷과 prefix를 지정합니다.

LinearLearner에서는 디폴트로 epoch 수는 15, 학습은 조기 종료(early stopping)하도록 설정되어 있습니다. 그것을 변경하기 위해서는 인수의 epochs와 ealry_stopping_patience를 설정합니다. ealry_stopping_patience가 epochs 값 이상인 경우는 조기 종료를 하지 않고 epochs로 지정한 횟수만큼의 학습을 실시합니다.

```
linear = sagemaker.LinearLearner(
role,
train_instance_count=1,
train_instance_type='ml.m5.large',
output_path='s3://awsai            ',
predictor_type = 'regressor',
epochs=100,
early_stopping_patience=100
)
```

그림 4-3-11 LinearLearner 인스턴스 생성

다음으로 SageMaker의 내장 알고리즘에서 사용 가능한 형식[11]으로 데이터를 변환한 후, 그 데이터를 S3에 업로드합니다. LinearLearner에서는 학습 데이터에 train, 검증 데이터

---

10 LinearLearner의 하이퍼 파라미터로는 코드 예에 든 epoch 수나 조기 종료하지 않는 epoch 수. p.189에서 fit 함수의 인수로 지정한 mini_batch_size 등이 있습니다. 하이퍼 파라미터 자동 조정에 대해서 p.189의 [COLUMN]에서 설명하고 있으므로 참조하도록 합니다.

11 SageMaker의 내장 알고리즘에서 사용 가능한 데이터 형식은 알고리즘에 따라 상이합니다. 많은 알고리즘에서는 CSV 데이터를 사용할 수 있지만, 본 절과 같이 record_set 함수로 업로드할 경우에는 protobuf 형식이 됩니다.

에 validation, 테스트 데이터에 test라는 채널명을 붙이게 되어 있기 때문에 거기에 따라서 channel 인수를 지정하고 있습니다. 반환 값은 RecordSet 타입의 값입니다.

```
train = linear.record_set(X_train, labels=y_train, channel='train')
validation = linear.record_set(X_valid, labels=y_valid, channel='validation')
test = linear.record_set(X_test, labels=y_test, channel='test')
```

```
train = linear.record_set(X_train,labels=y_train, channel='train')
validation = linear.record_set(X_valid,labels=y_valid, channel='validation')
test = linear.record_set(X_test, labels=y_test, channel='test')
```

그림 4-3-12 RecordSet 생성

S3 버킷을 확인하면 'sagemaker'라는 문자열로 시작하는 버킷이 자동적으로 생성되어 3개의 폴더가 생기고 데이터가 업로드되고 있는 것을 알 수 있습니다(방금 LinearLearner 인스턴스를 생성했을 때에 지정한 output_path에 저장되는 것은 아닙니다. output_path는 이후에 실시할 모델의 학습 결과를 저장하는 패스로 이용됩니다).

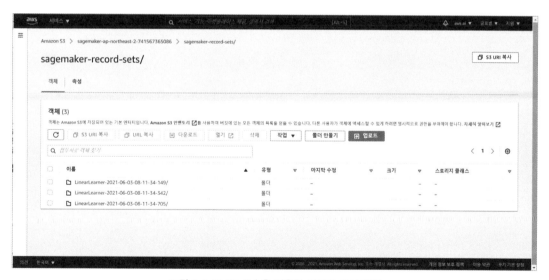

그림 4-3-13 S3 콘솔을 이용한 데이터 생성 확인

COLUMN **로컬 PC의 Jupyter Notebook을 사용하는 경우**

본 절에서는 SageMaker의 노트북을 사용하는 것을 전제로 코드와 그 실행 예를 설명하고 있습니다. 로컬 PC의 Jupyter Notebook을 사용하는 경우 다음과 같은 점을 유의하세요.

- **SageMaker Python SDK 설치**

  아래 코드를 Jupyter Notebook상에서 실행하여 설치합니다.

```
!pip install requests==2.20.1
!pip install --upgrade sagemaker
```

- **get_execution_role()이 동작하지 않음**

  get_execution_role()이 동작하지 않기 때문에 IAM Role은 ARN 문자열을 직접 지정해야 합니다.

- **sagemaker_session 지정하기**

  SageMaker Python SDK의 LinearLearner 인스턴스를 취득할 때, 본 절의 코드 예시에서는 인수에 sagemaker_session을 지정하지 않아도 노트북이 동작하고 있는 환경으로부터 자동적으로 세션을 취득해 인스턴스를 생성할 수 있습니다. 그러나 로컬 PC의 Jupyter Notebook에서는 세션 자동 획득이 불가능하여 수동으로 세션을 획득하여 인수로 세팅합니다.

로컬 PC의 Jupyter Notebook에서는 다음과 같은 코드로 LinearLearner 인스턴스를 생성할 수 있습니다 (epochs나 early_stopping_patience와 같은 인수는 이 절의 코드와 동일하게 지정할 수 있습니다).

```
import boto3
import sagemaker

role = '<IAM Role의 ARN 문자열>'

boto_session = boto3.session.Session(region_name='ap-northeast-2')
sagemaker_session = sagemaker.session.Session(boto_session=boto_session)

linear = sagemaker.LinearLearner(
  role,
  train_instance_count=<Instance 수>,
  train_instance_type='<Instance 타입>',
  output_path='<모델을 저장하는 S3 버킷과 prefix>',
  predictor_type='regressor',
  sagemaker_session=sagemaker_session
)
```

4.3.6 훈련 JOB 생성

다음으로 fit 함수로 훈련 JOB을 생성하고 모델 학습을 실행시킵니다. 인수에는 조금 전에 생성한 3개의 RecordSet(train, validation, test)을 목록으로 지정합니다. 또한, 미니 배치 학습[12]을 실시하기 위한 mini_batch_size 지정도 여기서 실시합니다.

```
linear.fit([train, validation, test], mini_batch_size=10, wait=True, job_
name='<JOB명칭>')
```

훈련 JOB은 완료될 때까지 조금 시간이 걸립니다. wait 인수를 True로 설정했을 경우 노트북상에서는 작업이 완료될 때까지 기다리는 상태가 됩니다. 덧붙여 job_name은 지정하지 않았을 경우 알고리즘명과 타임 스탬프를 포함한 이름이 자동으로 설정됩니다.

```
linear.fit([train, validation, test], mini_batch_size=10, wait=True, job_name='LinearLearner-Boston-housing-price-01')
{ sum : 1.0, count : 1, min : 1, max : 1}, Number of Records Since Last Reset : { sum : 102.0, count : 102, max : 10
2}, "Number of Batches Since Last Reset": {"sum": 11.0, "count": 1, "min": 11, "max": 11}}}

[06/03/2021 08:24:37 INFO 140711922616128] #test_score (algo-1) : ('mse_objective', 25.412109113207052)
[06/03/2021 08:24:37 INFO 140711922616128] #test_score (algo-1) : ('mse', 25.412109113207052)
[06/03/2021 08:24:37 INFO 140711922616128] #test_score (algo-1) : ('absolute_loss', 3.466685500799441)
[06/03/2021 08:24:37 INFO 140711922616128] #quality_metric: host=algo-1, test mse_objective <loss>=25.412109113207052
[06/03/2021 08:24:37 INFO 140711922616128] #quality_metric: host=algo-1, test mse <loss>=25.412109113207052
[06/03/2021 08:24:37 INFO 140711922616128] #quality_metric: host=algo-1, test absolute_loss <loss>=3.466685500799441
#metrics {"StartTime": 1622708617.5679524, "EndTime": 1622708677.9827812, "Dimensions": {"Algorithm": "Linear Learner", "Host": "algo
-1", "Operation": "training"}, "Metrics": {"initialize.time": {"sum": 244.8725700378418, "count": 1, "min": 244.8725700378418, "max":
244.8725700378418}, "epochs": {"sum": 100.0, "count": 1, "min": 100, "max": 100}, "check_early_stopping.time": {"sum": 33.12626156616
211, "count": 101, "min": 0.17714500427246094, "max": 1.3217326025390625}, "update.time": {"sum": 59669.153928756714, "count": 100,
"min": 518.7520980834961, "max": 1104.236364364624}, "finalize.time": {"sum": 155.28082847595215, "count": 1, "min": 155.28082847595
15, "max": 155.28082847595215}, "setuptime": {"sum": 21.051406860351562, "count": 1, "min": 21.051406860351562, "max": 21.05140686035
1562}, "totaltime": {"sum": 60621.16742134094, "count": 1, "min": 60621.16742134094, "max": 60621.16742134094}}}

Training seconds: 98
Billable seconds: 98
```

그림 4-3-14 훈련 JOB 생성과 실행

노트북 상단의 로그를 마지막에서 살짝 올려보면 'test_score', 'quality_metric'이라는 부분이 보입니다. 여기에 모델의 정확도 지표인 평균제곱오차(MSE)와 절대값 손실(Absolute Loss) 값이 출력되어 있습니다. 생성한 모델이 예측한 값과 실제 값의 오차 평균값을 확인하고 싶다면 평균제곱오차, 중앙값을 확인하고 싶다면 절대값 손실을 보는 것이 좋습니다.

---

12 모델의 학습에서는 학습 데이터를 이용해 일단 추론을 실시하고 교사 데이터와의 오차를 줄이기 위한 조정을 자동으로 실시합니다. 이때 모든 학습 데이터를 사용해서 추론을 진행한 후에 조정하는 방법을 배치 학습, 하나의 학습 데이터별로 조정하는 방법을 온라인 학습이라고 합니다. 미니 배치 학습은 배치 학습과 온라인 학습의 중간적인 방법으로 mini_batch_size에서 지정된 학습 데이터 개수별로 조율합니다.

#metrics {"StartTime": 1622708677.96478, "EndTime": 1622708677.9783852, "Dimensions": {"Algorithm": "Linear Learner", "Host": "algo-1", "Operation": "training", "Meta": "test_data_iter"}, "Metrics": {"Total Records Seen": {"sum": 102.0, "count": 1, "min": 102, "max": 102}, "Total Batches Seen": {"sum": 11.0, "count": 1, "min": 11, "max": 11}, "Max Records Seen Between Resets": {"sum": 102.0, "count": 1, "min": 102, "max": 102}, "Max Batches Seen Between Resets": {"sum": 11.0, "count": 1, "min": 11, "max": 11}, "Reset Count": {"sum": 1.0, "count": 1, "min": 1, "max": 1}, "Number of Records Since Last Reset": {"sum": 102.0, "count": 1, "min": 102, "max": 102}, "Number of Batches Since Last Reset": {"sum": 11.0, "count": 1, "min": 11, "max": 11}}}

[06/03/2021 08:24:37 INFO 140711922616128] #test_score (algo-1) : ('mse_objective', 25.412109113207052)
[06/03/2021 08:24:37 INFO 140711922616128] #test_score (algo-1) : ('mse', 25.412109113207052)
[06/03/2021 08:24:37 INFO 140711922616128] #test_score (algo-1) : ('absolute_loss', 3.466685500799441)
[06/03/2021 08:24:37 INFO 140711922616128] #quality_metric: host=algo-1, test mse_objective <loss>=25.412109113207052
[06/03/2021 08:24:37 INFO 140711922616128] #quality_metric: host=algo-1, test mse <loss>=25.412109113207052
[06/03/2021 08:24:37 INFO 140711922616128] #quality_metric: host=algo-1, test absolute_loss <loss>=3.466685500799441
#metrics {"StartTime": 1622708617.5679524, "EndTime": 1622708677.9627812, "Dimensions": {"Algorithm": "Linear Learner", "Host": "algo

그림 4-3-15 학습 결과 확인

SageMaker의 콘솔에서 훈련 JOB 화면을 열면, 노트북에서 생성한 훈련 JOB이 표시됩니다. 상태가 Completed로 되어 있으면 훈련이 완료된 상태입니다.

그림 4-3-16 콘솔에서 훈련 JOB 확인

COLUMN Hyper parameter 자동 조정

모델 학습 시에 지정하는 Hyper parameter는 기본적으로 사용자가 스스로 지정하지만 SageMaker에는 Hyper parameter를 자동 조정하는 기능이 있습니다. SageMaker 콘솔에서 'Hyper parameter 튜닝 작업 (JOB)'을 열고 자동 조정하기 위한 JOB을 생성합니다.

그림 4-3-17 Hyper parameter 자동 조정

자동 조정이 가능한 Hyper parameter는 알고리즘에 따라 다릅니다. 예를 들면 선형 학습자의 경우는 mini_batch_size나 learning_rate(학습율) 등을 자동 조정할 수 있습니다. 또한 하한값과 상한값을 지정해두면 그 사이에 적합한 값을 자동으로 찾아내서 정확도 높은 모델을 만들어 줍니다.

4.3.7 정확도 평가

SageMaker에서는 모델의 훈련을 실시했을 때 다양한 정확도 지표가 Amazon CloudWatch[13] (이하 CloudWatch)에 기록됩니다. 그 일부는 훈련 JOB 상세 화면에 표시됩니다. 조금 전 훈련 JOB의 상태가 Completed된 것을 확인한 화면에서 훈련 JOB 이름을 클릭하여 상세 화면을 조회해 보겠습니다. 화면 하단에 모니터링이라는 항목이 나타나는데 몇 개의 그래프가 표시되어 있습니다

DiskUtilization이나 CPUUtilization과 같은 그래프는 학습에서 소비한 디스크 용량이나

---

13 Amazon CloudWatch는 AWS의 다양한 서비스와 연계할 수 있는 모니터링(로그 및 자원 사용률 등의 감시) 서비스입니다. SageMaker의 학습 JOB에 관한 모니터링도 CloudWatch에서 할 수 있습니다.

CPU 사용량을 나타내는 것으로, 인스턴스 매트릭스라고 합니다. 한편 train:objective_loss나 test:objective_loss와 같은 train, validation, test 중에 하나가 이름의 앞에 붙어 있는 그래프는 모델의 학습 진척이나 정확도를 나타내는 것으로, 알고리즘 매트릭스라고 합니다.

[알고리즘 지표 보기], [인스턴스 지표 보기]를 클릭하면 매트릭스가, [로그 보기]를 클릭하면 훈련에 관련된 로그가 각각 CloudWatch 화면에 표시됩니다.

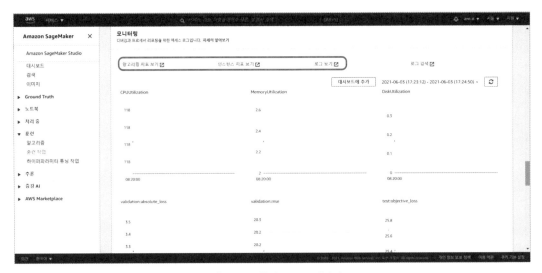

그림 4-3-18 훈련 JOB 모니터링

화면을 아래로 더 스크롤해서 test:objective_loss 그래프를 보도록 하겠습니다. 이것은 테스트 데이터를 이용한 정확도 평가 그래프입니다. objective_loss에는 LinearLearner로 회귀 모델을 생성했을 경우(predictor_type에 regressor를 지정한 경우), 평균제곱오차 값이 세팅되어 있습니다. 평균제곱오차란 모델에서 예측한 값과 교사 데이터의 값을 비교하고 그 차이를 제곱하여 평균한 값입니다. 예측치가 교사 데이터보다 클 경우 오차는 +(plus)값이 되고 반대의 경우는 −(minus)값이 되지만, 그대로 평균하면 +와 − 차이가 서로 상쇄되어 오차가 작아 보일 수 있기 때문에 제곱해서 모두 +값으로 만들고 있습니다. 여기에서 평균제곱오차는 25.41을 이루고 있습니다.

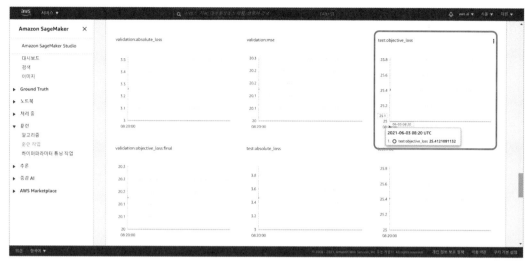

그림 4-3-19 평균제곱오차 확인

[알고리즘 지표 보기]를 클릭해 CloudWatch 화면으로 이동합니다.

훈련 JOB명으로 추출이 이루어진 상태이기 때문에 매트릭스명 'train:object_loss', 'validation:object_loss', 'test:object_loss'의 세 가지를 선택하여 그래프를 표시합니다. 학습 데이터에 대한 평균제곱오차는 0.286이므로 학습 데이터로의 학습은 제대로 이루어지고 있는 것 같습니다. 한편 검증 데이터에 대한 평균제곱오차는 21, 테스트 데이터에 대한 평균제곱오차는 훈련 JOB의 상세 화면에서 확인한 것과 같은 값인 25.41입니다.

그림 4-3-20 CloudWatch에 의한 평균제곱오차 확인

4.3.8 모델 생성

학습이 끝난 모델은 LinearLearner의 인스턴스 생성 시에 지정한 output_path의 S3 버킷에 저장되어 있습니다. 실제로 S3 화면에서 표시해 보면 '훈련 JOB명/output'이라는 폴더 안에 'model.tar.gz' 파일이 있는 것을 알 수 있습니다.

그림 4-3-21 학습이 완료된 모델의 출력 확인

이 모델을 SageMaker에 Deploy하기 위해서는 SageMaker의 모델로 등록해 둘 필요가 있습니다. SageMaker 콘솔에서 훈련 JOB 상세 화면을 열고 [모델 생성] 버튼을 클릭합니다.

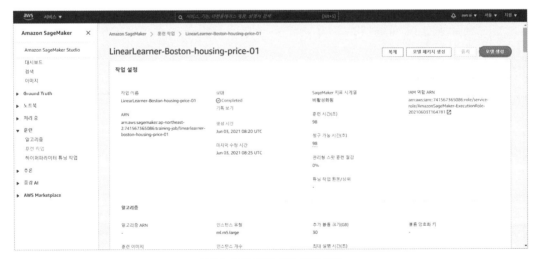

그림 4-3-22 훈련 JOB 상세 화면

모델 생성 화면에서는 임의의 모델명을 지정하고 IAM Role은 '4.1.8 S3 버킷 준비와 IAM Role 생성'에서 만들어진 것을 선택합니다. 그 이외의 항목은 디폴트(초기 값) 상태로도 괜찮습니다. 마지막으로 화면 하단의 [모델 생성] 버튼을 클릭합니다.

그림 4-3-23 모델 생성

이것으로 모델 생성은 완료되었습니다.

그림 4-3-24 모델 생성 완료

4.3.9 End point 구성 만들기

다음으로 End point를 생성해야 하는데, 그에 앞서 End point와 결합시키는 'End point 구성'을 생성합니다. SageMaker 콘솔에서 End point 구성 화면을 표시한 후 [End point 구성 생성] 버튼을 클릭합니다.

그림 4-3-25 End point 설정 생성

End point 구성 작성 화면이 열리면 임의의 End point 설정명을 입력하고 [모델 추가]를 클릭합니다.

그림 4-3-26 End point 설정

SageMaker에 등록되어 있는 모델이 표시됩니다. 전 항(p.193)에서 생성한 모델을 선택하고 [저장] 버튼을 클릭합니다.

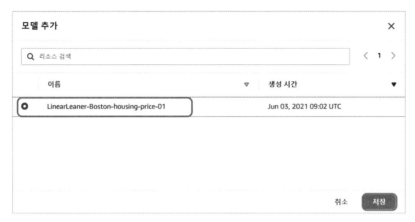

그림 4-3-27 모델 추가

'프로덕션 변형'란에 선택한 모델이 표시됩니다. 또한 End point에서 사용하는 인스턴스 타입이나 초기 인스턴스 수 등이 자동 설정됩니다. 여기서는 [편집]을 클릭하여 인스턴스 타입을 편집합니다.

그림 4-3-28 End point 설정에 추가된 모델 표시

인스턴스 타입의 초기값은 ml.m4.xlarge가 지정되어 있는데 고성능 인스턴스 타입은 요금이 비싸고 계정별 사용 가능한 개수도 기본적으로 적게 설정되어 있기 때문에 여기에서는 [ml.t2.medium]으로 변경하고 [저장] 버튼을 클릭합니다.

그림 4-3-29 인스턴스 타입 편집

마지막으로 [End point 구성 생성] 버튼을 클릭합니다.

그림 4-3-30 End point 설정 생성(실행)

4.3.10 End point 생성

다음으로 End point를 생성합니다. End point를 생성하면 SageMaker의 Python SDK를 사용하여 예측을 하거나 Web API로 사용할 수 있습니다.

SagaMaker 콘솔에서 모델 화면을 열고 전 항(p.193)에서 생성한 모델을 클릭하면 모델의 상세 화면이 보여집니다. 다음으로 화면 상단에 있는 [End point 생성] 버튼을 클릭합니다.

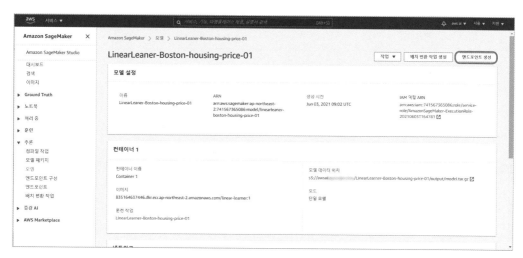

그림 4-3-31 End point 생성

End point 생성 및 구성 화면이 열리면 먼저, 임의의 End point 이름을 지정합니다. 다음으로 End point 설정을 부여합니다. 여기에서는 [기존 End point 구성 사용]을 선택합니다.

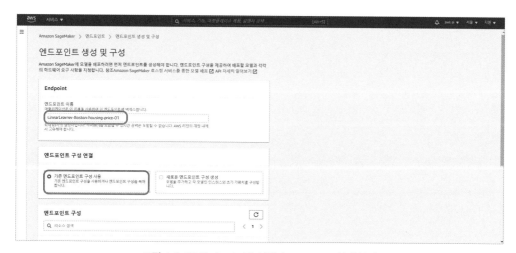

그림 4-3-32 End point명 설정과 End point 설정 부여

화면을 아래로 스크롤하고 방금 생성한 End point 설정을 선택한 후 [End point 구성 선택]
버튼을 클릭합니다.

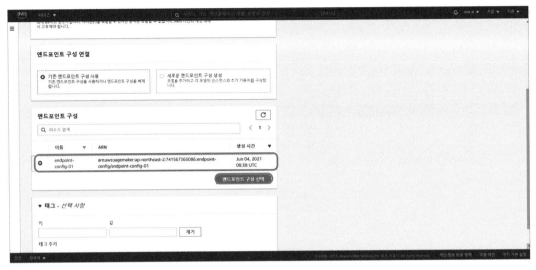

그림 4-3-33 End point 설정 선택

마지막으로 [End point 생성] 버튼을 클릭합니다.

그림 4-3-34 End point 생성(실행)

End point 생성에는 조금 시간이 걸립니다. 상태가 InService로 바뀌면 생성이 완료된 것입니다.

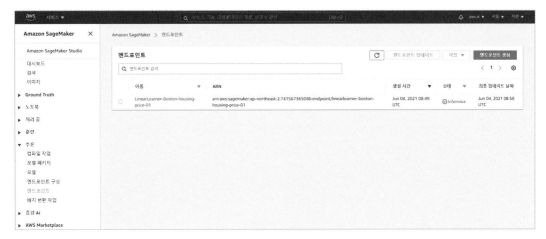

그림 4-3-35 End point 생성 완료

4.3.11 End point 삭제

End point는 실제로는 사용하지 않아도 사용 가능한 상태라면 과금 대상이 됩니다. 따라서 실제 운용하는 End point가 아니라면 동작 확인이 끝난 시점에서 삭제하는 것이 좋습니다. SageMaker 콘솔에서 End point 상세 화면을 열고 [삭제] 버튼을 클릭합니다.

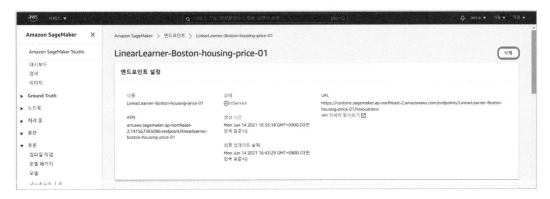

그림 4-3-36 End point 삭제

삭제를 재차 확인하는 안내 화면이 나타나고 [삭제] 버튼을 클릭하면 End point가 삭제됩니다.

4.3.12 배치 변환 JOB

SageMaker에 만들어진 모델은 End point를 생성하고 실시간으로 예측 처리를 실행하는 방법 이외에 배치 변환 JOB을 생성해서 대량 데이터를 한꺼번에 예측 처리시키는 방법도 있습니다. 후자의 방법은 배치 변환 JOB 실행 시에 End point를 생성하지 않아도 되므로 애플리케이션 안에서 실시간으로 예측 처리를 실행할 필요가 없는 경우라면 불필요한 과금의 발생을 예방할 수 있습니다.

배치 변환 JOB에 넘길 데이터는 모델을 생성할 때 학습 데이터로 준비한 데이터와 동일한 칼럼으로 나열된 CSV 파일입니다. Pandas를 사용해서 데이터 셋을 CSV 파일로 변환해 봅시다. 여기서는 첫 줄에 칼럼 이름 행을 출력하지 않도록 header=False라는 인수를 지정해놓고 있습니다. 생성한 CSV 파일을 S3에 업로드합니다.

```
import pandas as pd
import boto3

df = pd.DataFrame(boston.data)
df.to_csv('boston_data.csv', header=False, index=False)

s3 = boto3.resource('s3')
s3.Bucket('<S3버킷명>').Object('boston_data.csv').upload_file('boston_data.csv')
```

다음으로 배치 변환 JOB을 생성합니다. model_name에는 '4.3.8 모델 생성'에서 지정한 모델명을 설정합니다.

```
import sagemaker

transformer =sagemaker.transformer.Transformer(
  base_transform_job_name='BatchTransformer',
  model_name='<모델명>',
  instance_count=<Instance 수 예시:1>,
  instance_type='<Instance 타입 예:ml.m5.large>',
  output_path='<결과를 출력하는 S3 버킷과 prefix>'
)

transformer.transform('<CSV 파일을 업로드한 S3 경로>/boston_data.csv',
```

```
content_type='text/csv', split_type='Line')

# 배치 변환 JOB의 완료를 기다리는 경우(임의)
transformer.wait()
```

SageMaker 콘솔에서 배치 변환 JOB 화면을 보면, 생성한 배치 변환 JOB이 표시되고 있어 진척 상황을 확인할 수 있습니다. 덧붙여 배치 변환 JOB은 콘솔상에서 생성하는 것도 가능합니다.

그림 4-3-37 생성한 배치 변환 JOB 표시

배치 변환 JOB이 완료되면 output_path로 지정했던 S3의 출력 위치로 입력 파일명에 '.out'이라는 확장자가 붙은 파일이 저장됩니다. 또한 입력 파일 행에 맞게 예측 결과가 출력됩니다.

그림 4-3-38 예측 결과 파일 표시

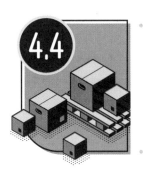

SageMaker의 다양한 내장 알고리즘

4.4.1 내장 알고리즘 카탈로그

전 절에서는 SageMaker의 내장 알고리즘을 사용해 모델을 생성하고 End point로 Deploy하는 부분까지 설명했습니다. 여기서는 가장 기초적인 알고리즘인 선형 학습자를 사용했지만, 그것 이외에도 다양한 내장 알고리즘이 제공되고 있습니다. 데이터의 특성이나 어떤 것을 예측하고 싶은 지에 따라 사용해야 할 알고리즘은 다르기 때문에 SageMaker를 활용하려면 그 사용 방법을 구분하여 수행할 수 있는 능력이 필요[14]합니다. SageMaker의 내장 알고리즘은 현 시점 기준으로 17종류가 있지만, 그 모든 것이 범용적으로 이용되는 것은 아닙니다. 본서에서는 알고리즘을 범용적인 것과 특정 용도의 것으로 나누어 설명합니다. 내장 알고리즘에 대한 자세한 내용은 AWS 레퍼런스(https://docs.aws.amazon.com/sagemaker/latest/dg/algos.html)를 참조하세요.

그림 4-4-1 내장 알고리즘에 관한 레퍼런스

---

14 SageMaker의 특징 중 하나로 내장 알고리즘이 존재하는 것을 들 수 있습니다. 다만, SageMaker에서는 내장 알고리즘을 사용하지 않아도 모델을 생성하고 deploy할 수 있습니다. 클라우드 환경에서 노트북과 deploy 환경의 조합은 타사의 클라우드 서비스에서도 제공되고 있습니다.

범용적으로 이용되는 내장 알고리즘을 표 4-4-1에 언급하였습니다. 범용적인 알고리즘은 학습에 교사 데이터가 필요한지 여부에 따라 '지도 학습'과 '비지도 학습' 2가지로 분류할 수 있습니다.

지도 학습에서는 알고리즘을 이용하여 생성한 모델로부터 예측된 값을 카테고리 같은 이산값인 '분류'와 금액이나 기온과 같은 연속 값인 '회귀'로 나눌 수 있습니다. 한편 비지도 학습에서는 데이터 셋을 구성하는 칼럼(차원)에서 데이터의 특징을 유지하면서 차원을 줄여 표현하는 '차원 감소(Dimensionality Reduction)'와 데이터간의 유사 구조를 발견해 그룹으로 나누는 '클러스터링'이라는 방법이 있습니다.

인수분해는 선형 학습자와 마찬가지로 분류나 회귀가 가능한 알고리즘입니다. 특징량 차원의 수가 많은 데이터인 경우 선형 학습자에서는 학습 시간이 오래 걸릴 수 있는데, 인수분해는 행렬 인수분해라는 방법을 통해 계산 효율을 크게 향상시키고 있습니다. K-최근접 이웃 알고리즘은 비교적 단순한 알고리즘으로 교사 데이터 중 가장 가까운 데이터를 찾아내 분류하고 회귀합니다. 모델의 학습이 거의 필요 없고 선형 학습자에 적합하지 않은 데이터 셋에서도 사용할 수 있다는 장점이 있지만 추론에 시간이 걸린다는 단점도 있습니다.

표 4-4-1 범용적으로 이용되는 내장 알고리즘

알고리즘명	학습	목적	비고
선형 학습자	지도 학습	분류·회귀	분류의 경우 로지스틱 회귀, 회귀의 경우 선형회귀가 이루어진다.
XGBoost	지도 학습	분류·회귀	–
인수분해	지도 학습	분류·회귀	–
K-최근접 이웃 알고리즘	지도 학습	분류·회귀	–
주성분분석	비지도 학습	차원 감소	–
K-Means	비지도 학습	클러스터링	–

특정 용도에 이용되는 내장 알고리즘은 표 4-4-2와 같습니다. 이들 중 잠재 디리클레 할당과 뉴럴토픽 모델(NTM, Neural Topic Model)은 용도가 같습니다. 이처럼 용도가 같은 여러 개의 서로 다른 알고리즘이 제공되고 있습니다. 따라서 사용하는 데이터와 관련하여 보다 적합한 결과를 돌려주는 알고리즘을 사용하면 좋습니다.

표 4-4-2 특정 용도에 이용되는 내장 알고리즘

알고리즘명	학습	설명
이미지 분류	지도 학습	이미지 전체를 대상으로 분류한다.
객체 검출	지도 학습	이미지 내 객체 검출 및 분류를 한다.
Semantic segmentation	지도 학습	이미지 내의 모든 픽셀을 분류한다.
Sequence to Sequence	지도 학습	일반적으로 뉴럴 기계 번역에 사용된다.
Random Cut Forest(RCF)	비지도 학습	데이터 셋 내 이상 포인트를 발견한다.
잠재 디리클레 할당(LDA)	비지도 학습	일련의 문서의 주제를 결정한다.
뉴럴토픽 모델	비지도 학습	일련의 문서의 주제를 결정한다.
BlazingText	비지도 학습 지도 학습	Word2Vec에 의한 단어 벡터 생성(비지도 학습)과 텍스트 분류(지도 학습)를 수행한다.
DeepAR 예측	지도 학습	순환신경망(Recurrent Neural Network)을 사용하여 시계열 데이터를 예측한다.
IP Insights	비지도 학습	IPv4 주소 사용 패턴을 학습하여 모델화한다.
Object2Vec	비지도 학습	다양한 오브젝트를 벡터화한다. 이는 Word2Vec을 일반화한 것이다.

4.4.2 선형 학습자

선형 학습자는 선형 모델을 이용하여 분류 또는 회귀를 하는 지도 학습 알고리즘입니다. 일반적으로 선형 모델에서 분류를 하는 경우에는 '로지스틱 회귀', 회귀를 하는 경우는 '선형회귀'와 같이 나누어 설명되는 경우가 많지만, SageMaker의 내장 알고리즘에서는 한 가지로 정리되어 있으며 Hyper parameter 설정에 따라서 구분해서 사용하게 됩니다. 이번에는 output_path를 지정하지 않기 때문에 S3에 자동 생성된 버킷에 학습이 끝난 모델이 저장됩니다.

선형 학습자에서 연속 값을 예측하는 방법(선형회귀라고 합니다)은 앞 절에서 설명했습니다. 여기에서는 분류를 실시하는 로지스틱 회귀의 예를 소개합니다. 데이터 셋으로 유명한 Iris 데이터 셋[15]을 사용하여 꽃잎의 꽃받침과 꽃잎의 길이·폭으로 붓꽃 품종을 분류합니다.

```
import sagemaker
from sagemaker import get_execution_role
```

15 http://archive.ics.uci.edu/ml/datasets/Iris

```
from sklearn.datasets import load_iris
from sklearn.model_selection import train_test_split

iris = load_iris()
data = iris.data.astype('float32')
target = iris.target.astype('float32')

role = get_execution_role()

linear = sagemaker.LinearLearner(
  role,
  train_instance_count=1,
  train_instance_type='ml.m5.large',
  predictor_type='multiclass_classifier', #다중 분류를 위한 multi_classifier
  num_classes=3 # 3종류로 분류하기 위한 3
)

X_train, X_test, y_train, y_test = train_test_split(data, target, test_size=0.3)
train = linear.record_set(X_train, labels=y_train)
test = linear.record_set(X_test, labels=y_test, channel='test')

linear.fit([train, test], mini_batch_size=10)
```

fit() 함수의 로그를 보면 테스트 데이터 정확도(accuracy[16])는 0.977(97.7%)로 높은 정확도로 분류되어 있음을 알 수 있습니다.

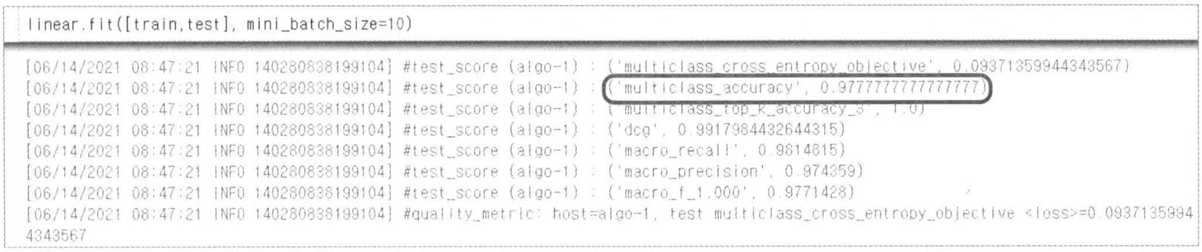

```
linear.fit([train,test], mini_batch_size=10)

[06/14/2021 08:47:21 INFO 140280838199104] #test_score (algo-1) : ('multiclass_cross_entropy_objective', 0.09371359944343567)
[06/14/2021 08:47:21 INFO 140280838199104] #test_score (algo-1) : ('multiclass_accuracy', 0.9777777777777777)
[06/14/2021 08:47:21 INFO 140280838199104] #test_score (algo-1) : ('multiclass_top_k_accuracy_3', 1.0)
[06/14/2021 08:47:21 INFO 140280838199104] #test_score (algo-1) : ('dcg', 0.9917984432644315)
[06/14/2021 08:47:21 INFO 140280838199104] #test_score (algo-1) : ('macro_recall', 0.9814815)
[06/14/2021 08:47:21 INFO 140280838199104] #test_score (algo-1) : ('macro_precision', 0.974359)
[06/14/2021 08:47:21 INFO 140280838199104] #test_score (algo-1) : ('macro_f_1.000', 0.9771428)
[06/14/2021 08:47:21 INFO 140280838199104] #quality_metric: host=algo-1, test multiclass_cross_entropy_objective <loss>=0.0937135994
4343567
```

그림 4-4-2 선형학습 알고리즘에 의한 분류 모델의 정확도 확인

16 실행 시마다 학습 데이터와 테스트 데이터를 랜덤으로 분할하기 때문에 매번 결과는 달라집니다.

4.5 SageMaker Studio와 SageMaker Autopilot

4.5.1 SageMaker Studio

2019년 12월에 기계학습 관련 통합 개발 환경인 'Amazon SageMaker Studio(이하 SageMaker Studio)'가 발표되었습니다.

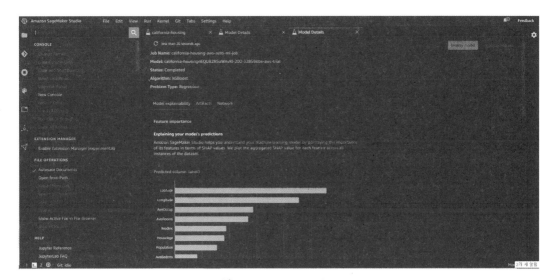

그림 4-5-1 SageMaker Studio

SageMaker Studio에서는 앞서 설명한 노트북이나 학습(Experiment), 모델 배포(deploy) 같은 기능들에 쉽게 접근할 수 있습니다. 또, 모델을 학습시킬 때 복잡한 처리 관련 디버깅이나 모델 자동 평가, 디버깅 데이터 수집 등을 실시해 분석할 수 있는 Debugger, 배포한 모델의 수행 성능 저하를 탐지하는 Model Monitor 등의 기능이 제공되고 있습니다. 또한 Experiment 에서는 알고리즘 선택, 데이터 전처리, 모델 튜닝 등을 자동으로 수행하는 Autopilot을 사용할 수도 있습니다.

SageMaker Studio를 사용하려면 SageMaker 콘솔 메뉴 상단에 Amazon SageMaker

Studio[17] 메뉴를 클릭합니다.

그림 4-5-2 SageMaker 콘솔

그림 4-5-3과 같이 SageMaker Studio 환경을 생성하는 화면이 나타납니다. 환경 생성은 Quick start와 Standard setup의 두 가지 방법이 있는데 여기에서는 Quick start를 선택하도록 하겠습니다.

그림 4-5-3 SageMaker Studio 환경 조성

17 본서 집필 시점에 SageMaker Studio는 Preview 버전입니다. 따라서 화면 디자인이나 조작 순서 등이 향후 크게 바뀔 수도 있습니다.

SageMaker Studio를 사용하려면 User name과 S3에 대한 접근 권한 및 AmazonSage MakerFullAccess라는 정책이 부여된 IAM Role이 필요합니다. 이 화면의 Executionrole에서 [새 역할 만들기]를 선택하여 IAM Role을 만들거나 기존의 IAM Role을 선택합니다. 새로운 IAM Role 생성 시에는 그림 4-5-4와 같이 접근 권한을 부여하는 S3 버킷을 지정하고(여기서는 [모든 S3 버킷]을 선택합니다), [Role 생성] 버튼을 클릭하면 그림 4-5-3의 화면으로 돌아갑니다. 이와 같이 Execution role을 지정한 후 [전송] 버튼을 선택합니다.

그림 4-5-4 새로운 IAM Role 생성

SageMaker Studio 환경이 만들어지기까지는 조금 시간이 걸리지만 상태가 Ready가 되면 사용할 수 있습니다.

그림 4-5-5 SageMaker 요약

SageMaker Studio는 여러 명의 사용자를 만들어 사용할 수 있지만, 환경 조성 시 지정한 User name으로 첫 번째 사용자가 이미 만들어져 있습니다. [Open Studio] 링크를 클릭하면 SageMaker Studio가 열립니다.

첫 번째는 조금 시간이 걸리지만 그림 4-5-6과 같이 SageMaker Studio가 실행됩니다. 화면 왼쪽에 있는 바를 이용하여 노트북을 만들거나 Git 연계, Experiment 및 End point를 관리할 수 있습니다. 노트북을 사용하기 위해서는 커널(Kernel)을 연결해야 합니다. 여기서는 [Physon 3 (Data science)]를 선택합니다.

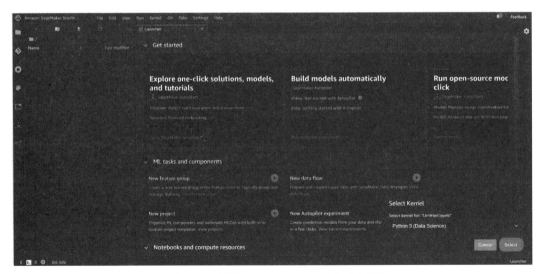

그림 4-5-6 기동한 SageMaker Studio 및 커널 연결

4.5.2 SageMaker Autopilot

앞서 기계학습 통합 개발 환경인 SageMaker Studio에 대해서 알아봤습니다. SageMaker Studio에서 제공되는 특징적인 기능으로 [Amazon SageMaker Autopilot(이하 SageMaker Autopilot)]이 있습니다. SageMaker Autopilot에서는 입력한 데이터에 근거해 자동적으로 기계학습 알고리즘이나 Hyper parameter 조정이 수행되어 최적의 모델이 생성됩니다. 본 항에서는 SageMaker Autopilot을 사용하여 모델 자동 생성을 시험해 보겠습니다.

데이터는 scikit-learn을 사용해 입수할 수 있는 California Housing 데이터 셋[18]을 사용합니다. 이 데이터 셋은 캘리포니아의 센서스 블록 그룹(미국 Census Bureau가 공개하는 최소 지리적 단위로 600~3,000명 정도의 인구를 포함)별 수입, 주택의 건축 연수, 방 개수, 침실 개수, 인구, 세대 수 등의 정보와 주택 가치를 나타내고 있습니다. 주택 가치를 목적 변수, 그 이외의 값을 설명 변수로 모델을 생성합니다.

SageMaker Autopilot에는 CSV 형식인 데이터를 Import할 수 있으므로 Notebook에서 아래 코드를 수행하여 CSV 파일을 생성합니다. SageMaker Autopilot에서는 1,000건 이상의 데이터가 필요한데, California Housing 데이터 셋에는 20,640건의 데이터가 있으므로 조건을 충족하고 있습니다.

```
from sklearn.datasets import fetch_california_housing
import pandas as pd

housing = fetch_california_housing()
df = pd.DataFrame(housing.data, columns=housing.feature_names)
df['HouseValue'] = housing.target
df.to_csv('housing.csv', index=False)
```

참고로 DataFrame의 앞부분을 표시하여 데이터 내용을 확인해 둡시다.

```
df.head()
```

18 Pace, R. Kelley and Ronald Barry, Sparse Spatial Autoregressions, Statistics and Probability Letters, 297)

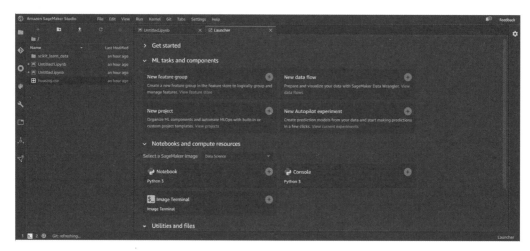

그림 4-5-7 California Housing 데이터 셋

만들어진 CSV 파일은 '3.2.8 S3 버킷 생성 및 파일 업로드'를 참조하여 S3 버킷에 업로드 해 둡니다.

SageMaker Studio 좌측 [File Browser]를 선택하면 housing.csv가 조회됩니다. 해당 파일을 선택하고 마우스 오른쪽 버튼을 클릭하여 PC로 다운로드할 수 있습니다. S3 버킷에서 다운로드한 파일을 업로드합니다.

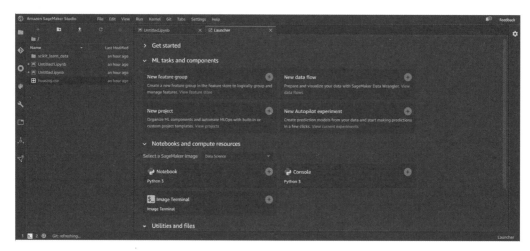

그림 4-5-7-1 hounsing csv

SageMaker Studio 화면에서 [Sagemaker Components and registries] 탭을 선택하고 [Create Autopilot Experiment] 버튼을 클릭하여 EXPERIMENTS 탭을 열고 다음과 같이 설정합니다.

- Experiment Name : 영문, 숫자와 하이픈으로 임의의 이름을 붙입니다.
- S3 location of input data : S3 버킷에 업로드한 CSV 파일의 장소를 s3://〈버킷명〉/〈파일 패스〉의 형식으로 지정합니다.
- Target attribute name : 목적 변수의 칼럼 이름을 지정합니다. 이번에는 HouseValue라고 하는 열에 목적 변수를 세팅했기 때문에 HouseValue로 지정하겠습니다.
- S3 location of output data : 실행 결과를 저장할 S3 버킷과 패스를 지정합니다.
- Select the machine learning problem type : 만드는 모델이 Binary Classification(이진 분류), Linear Regression(선형회귀), Multiclass Classification(다중 분류) 중에서 어떤 것을 시행할 것인지 선택합니다. 또한, 데이터로부터 자동적으로 지정하는 Auto를 선택할 수도 있습니다. 이번에는 Auto를 선택하도록 하겠습니다.
- Do you want to run a complete experiment : 이 조작으로 SageMaker Autopilot 처리를 모두 진행해도 좋기 때문에 Yes를 선택합니다.

설정을 한 후 [Create Experiment] 버튼을 선택하면 모델이 자동으로 생성됩니다.

그림 4-5-8 Create Experiment 화면

SageMaker Autopilot은 여러 모델을 생성, 성능을 비교하고 모델 튜닝을 진행하기 때문에 시간이 걸립니다. 이번 예에서는 약 2시간 걸렸습니다. 실행 중인 상태에서는 그림 4-5-9와 같이 진척 상황을 확인할 수 있습니다.

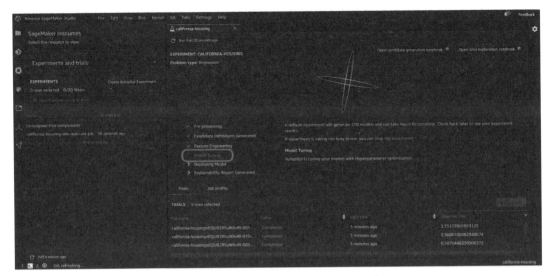

그림 4-5-9 Trials 화면 (Model Tuning 실행중)

진척 상황의 표시로부터 알 수 있듯이 SageMaker Autopilot은 Pre-processing, Candidate Definitions Generated, Feature Engineering, Model Tuning, Deploying Model, Explainability Report Generated의 순서로 처리가 진행됩니다. 화면 우측 상단에 있는 [Open data exploration notebook] 버튼을 클릭하여 데이터 분석 결과로 칼럼별 평균값, 중앙값과 같은 기본 통계량을 확인할 수 있습니다.

또한 Trials 탭을 열면 모델의 훈련 상황이 표시됩니다. 하나의 모델을 생성하기 위해 Hyper parameter가 다른 많은 모델이 생성되어 학습이 진행되고 있음을 알 수 있습니다.

SageMaker Autopilot의 처리가 완료되면 Job profile 탭의 Status 값이 Completed가 됩니다. 또, Problem type으로 Regression이 표시되고 있어 이번에 생성한 모델이 수치를 예측하는 회귀 모델로써 생성된 것을 알 수 있습니다(Problem type은 Analyzing Data 처리가 끝난 시점에서 표시됩니다).

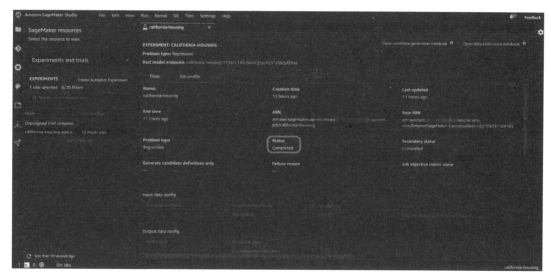

그림 4-5-10 Job profile 화면

Status가 Completed가 된 후에 Trials 탭을 엽니다. SageMaker Autopilot에서는 모델 학습을 몇 번이고 하게 되는데, 1번 수행되는 학습을 Trial이라고 합니다. Trials 탭에는 Trial 별 예측 정확도가 Objective 열에 표시되어 비교할 수 있습니다. 가장 정확도가 높은(여기서는 Objective 열의 값은 오차를 나타내므로 최소) Trial에는 Best라고 표시되어 있습니다. 따라서 이 시행으로 생성된 모델이 가장 정확도가 높은 모델이라는 것이 됩니다. Trial을 선택하고 화면 우측의 [Deploy model] 버튼을 클릭하여 모델을 Deploy할 수 있습니다.

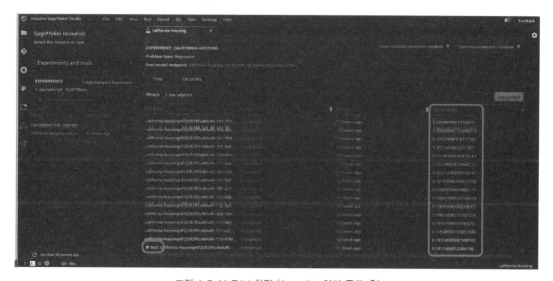

그림 4-5-11 Trial 화면 (Autopilot 처리 종료 후)

그림 4-5-11-1 마우스 오른쪽 버튼 클릭

Trial 화면에서 Trial을 선택하고 마우스 오른쪽 버튼을 클릭하여 표시되는 메뉴에서 [Open in model details]를 클릭하면 Trial의 상세 정보를 표시할 수 있습니다. Open in model details 탭에서 해당 Trial에서 지정된 Hyper parameter들을 확인할 수 있습니다. 이번에 가장 정확도가 높았던 Trial에 대해 표시해 보면 SageMaker의 내장 알고리즘 중 XGBoost가 채택된 것과 Hyper parameter의 값으로 무엇이 지정되었는지를 알 수 있습니다.

그림 4-5-12 Model Details 화면

정확도 높은 모델을 생성하기 위해서는 본래 다양한 기계학습 알고리즘이나 Hyper parameter를 다양하게 시도해 볼 필요가 있습니다. 그러기 위해서는 시간이 많이 들고 기계학습에 대한 깊은 지식과 경험이 필요할 것입니다. 그런데 SageMaker Autopilot을 사용하게 되면 그런 번거로움이 많이 없어지고 또, 기계학습에 대한 지식이 많지 않아도 정확도 높은 모델을 얻을 수 있습니다.

제5장

AWS Deep Learning AMI

독자적인 모델을 만들고 그것을 실제 시스템에서 활용하고자 한다면 SageMaker 만으로 충분할 것입니다. 그러나 선진화된 알고리즘을 직접 사용하는 등 보다 유연한 기계학습 환경이 필요한 경우라면 AWS Deep Learning AMI(DLAMI)가 필요할 것입니다.

제5장은 DLAMI를 사용해 EC2 환경에서 딥러닝 모델을 만드는 방법을 설명하도록 하겠습니다.

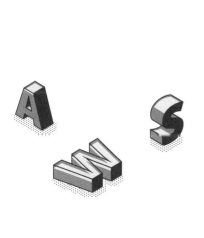

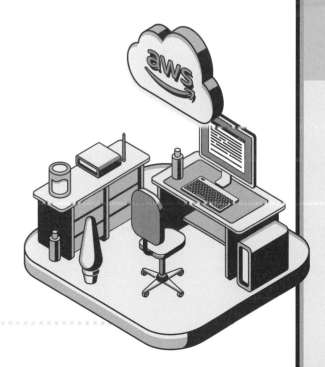

EC2 환경에서의 딥러닝

5.1.1 보다 유연한 환경이 필요한 경우

제4장에서는 SageMaker를 사용하여 기계학습 모델을 구축하였습니다. SageMaker에서는 모델 구축에 필요한 환경이 완전히 관리되는 형태로 제공되고 있어 Jupyter나 기계학습 라이브러리를 설치하지 않은 상태로 생성 작업을 바로 시작할 수 있었습니다.

모델을 구축할 때 제4장에서는 주로 SageMaker의 내장 알고리즘을 사용했지만, scikit-learn이나 TensorFlow 같이 널리 사용되는 기계학습 라이브러리를 사용할 수도 있습니다. 또한 모델을 트레이닝하거나 디플로이할 경우 사용하는 인스턴스(Instance)는 처리할 때 요구되는 성능에 따라서 선택할 수 있으며, 더 나아가 오토 스케일링(Auto Scaling)도 가능합니다. 따라서 AWS에서 기계학습 모델을 구축하는 것을 검토한다면, 가장 먼저 선택해야 할 서비스는 간단하게 작업을 시작할 수 있으며 어느 정도의 자유로움을 제공하고 있는 SageMaker가 될 것입니다.

단지, 보다 유연하게 환경을 구축하고 싶은 경우도 있습니다. 예를 들어, 가지고 있는 PC에서 모델 개발을 하고 있는데 보다 고성능 환경(GPU 등)이 필요한 경우입니다. 또한 기계학습 라이브러리와는 별도로 독자적인 알고리즘을 개발하고 있는 경우에도 마찬가지입니다. SageMaker에서는 트레이닝이나 테스트에 이용하는 데이터는 S3에 업로드할 필요가 있으며, 독자적인 알고리즘을 SageMaker에서 사용하려면 Docker 컨테이너를 만들어야 하기 때문에 번거롭습니다.

이와 같이 SageMaker보다 유연한 환경이 요구되는 경우에는 AWS Deep Learning AMI(이하 DLAMI)를 이용합니다.

5.1.2 EC2와 AMI

DLAMI를 다루기 전에 AWS의 EC2(Elastic Compute Cloud)와 AMI(Amazon Machine Images)에 대해 다시 설명합니다. DLAMI는 AWS에서 독립적인 서비스로 제공되는 것이 아니라 EC2라는 서비스를 사용하고 있습니다.

EC2는 AWS의 가장 기본적인 서비스이며 확장 가능한 컴퓨팅 능력을 제공합니다. 구체적으로는 Linux 서버나 Windows 서버와 같은 컴퓨터가 AWS 데이터 센터의 서버에서 가상으로 구현되어 있으므로 우리는 하드웨어를 준비하거나 OS 설치를 하지 않아도 마치 한 대의 컴퓨터를 점유하고 있는 것처럼 사용할 수 있습니다.

또한 EC2의 컴퓨터 성능은 사용 목적에 따라서 'Instance 타입' 형태로 다양한 종류가 제공되고 있습니다. 이용자는 EC2를 사용할 때 Instance 타입 중에서 필요한 것을 선택합니다. 범용 Instance 타입에는 GPU가 탑재되어 있지 않으며 CPU 코어 숫자와 메모리 용량에 따라 여러 가지 조합이 있습니다. 딥러닝 용도로는 GPU가 탑재된 고속 컴퓨팅 Instance[1] 타입이 제공되고 있습니다.

AMI는 EC2에서 사용되는 암호화된 머신 이미지입니다. Linux나 Windows 같은 OS나 다양한 소프트웨어가 컴퓨터 루트 드라이브에 설치되어 있어 환경 구축이 완료된 상태로 이미지화되어 있습니다. AMI는 AWS가 디폴트로 제공하는 것과 커뮤니티에서 제공하는 것, AWS Marketplace에서 판매되고 있는 것 등이 있습니다. 거기에다 프라이빗(Private) 형태로 사용하는 AMI를 독자적으로 만들 수도 있습니다. 덧붙여 EC2를 사용하는 경우에는 최초 선택한 AMI로 환경 구축이 완료된 상태가 됩니다.

DLAMI는 딥러닝용 환경 구축이 이루어진 AMI입니다. EC2 환경상에서 딥러닝을 수행할 때 DLAMI를 선택하면 환경 구축의 번거로움 없이 EC2에서 딥러닝 작업을 즉시 수행할 수 있습니다. 물론 DLAMI가 아닌 일반적인 AMI(예를 들어 Amazon Linux나 Ubuntu와 같은 Linux Distribution만 설치된 AMI)를 이용하여 스스로 기계학습이나 딥러닝을 위한 환경 구축을 할 수도 있습니다.

---

1 GPU가 탑재된 Instance Type을 'GPU instance'라고 부르기도 합니다.

Amazon Elastic Inference(이하 Elastic Inference)는 GPU의 Acceleration(가속화)을 동적으로 실시하기 위한 구조입니다.

기계학습에서는 모델을 트레이닝할 때 대량의 데이터를 병렬로 처리하기 위해서 고성능 컴퓨팅 환경이 장시간 필요합니다. 그러나 모델을 배포(Deploy)한 후에는 요청에 따라 추론 처리가 이루어질 뿐이므로 가동하고 있어도 실제로는 사용하지 않는 대기 상태 시간이 길어집니다. EC2는 실제 사용하는지 여부에 관계없이 가동시간 단위로 비용이 과금되기 때문에 높은 비용이 발생하는 고속 컴퓨팅 Instance를 대기 상태로 가동시키는 것은 비용의 낭비를 발생시키게 됩니다.

Elastic Inference를 사용하면 GPU 성능이 필요한 시점에 자동으로 고속화되도록 하여 비용을 절감할 수 있습니다. Elastic Inference는 EC2뿐만 아니라 SageMaker에서도 사용 가능합니다(현시점에서는 딥러닝 라이브러리로 TensorFlow와 Apache MXNet를 적용한 경우에만 사용할 수 있습니다).

5.1.3 DLAMI와 기본 DLAMI

DLAMI에는 Amazon Linux, Amazon Linux 2, Ubuntu, Windows 중 하나의 OS와 GPU를 사용하기 위한 환경(CUDA[2]와 cuDNN[3]), 딥러닝용 라이브러리가 미리 설치되어 있습니다. DLAMI에는 Conda[4]를 이용한 Python 가상 환경이 구축되어 있기 때문에 사용하고 싶은 라이브러리 등으로 (가상) 환경을 전환해서 각각의 환경을 독립적으로 운용할 수 있습니다.

DLAMI에서 사용할 수 있는 딥러닝용 라이브러리는 다음과 같습니다.

- **cuDNN6 / CUDA8**

    Caffe

- **cuDNN7 / CUDA9**

    Apache MXNet, Caffe2, Chainer, CNTK, Keras, TensorFlow, Theano

- **cuDNN7 / CUDA10**

    PyTorch

---

2 CUDA(Compute Unified Device Architecture)는 반도체 메이커인 NVIDIA가 개발 및 제공하고 있는 GPU를 위한 범용 병렬 컴퓨팅 플랫폼으로, C나 Python 프로그램 언어를 위한 라이브러리가 제공되고 있습니다. CUDA를 이용하는 것만으로 NVIDIA에서 만든 GPU의 성능을 최대한으로 끌어낼 수 있습니다. EC2의 고속 컴퓨팅을 위한 Instance에는 NVIDIA에서 만든 GPU가 탑재되어 있습니다.

3 cuDNN은 CUDA를 이용한 딥러닝 전용 기본 라이브러리입니다. NVIDIA에서 만든 GPU를 TensorFlow나 Caffe, Chainer 등으로 사용할 때는 CUDA 및 cuDNN 인스톨이 필요합니다.

4 Conda는 Python 패키지 설치와 Python 가상 환경 전환을 위한 구조입니다. Python의 Distribution 중 하나인 Anaconda에 도입되어 있습니다.

AWS에는 DLAMI뿐만 아니라 기본 DLAMI(AWS Deep Learning Base AMI)도 제공됩니다. 이것은 CUDA와 cuDNN만 설치되어 있는 AMI입니다. 딥러닝용 라이브러리를 스스로 설치해야 하지만, 환경을 보다 유연하게 구축할 수 있다는 장점이 있습니다.

5.2 DLAMI 사용하기

5.2.1 AMI에 의한 EC2 Instance 구축

지금부터 DLAMI를 사용해 보도록 하겠습니다. 앞에서 얘기한 것과 같이 DLAMI는 EC2용 AMI이므로 먼저, Web 화면에서 EC2 콘솔을 엽니다.

그림 5-2-1 EC2 콘솔

[Instance 시작] 버튼을 클릭하면 AMI를 선택하는 화면이 열립니다. 검색란에 Deep Learning이라고 입력해 봅시다. 사용할 수 있는 DLAMI가 나열됩니다. 여기에서 OS에 Ubuntu를 사용하는 DLAMI, [Deep Learning AMI(Ubuntu 18.04)][5]를 선택합니다.

---

5 DLAMI는 수시로 버전을 업그레이드하고 있습니다. 본서에서는 집필 시점의 버전으로 설명하고 있습니다. [Deep Learning AMI (Ubuntu)]로 표시된 버전을 선택하시기 바랍니다(대규모로 버전이 올라간 경우라면 코드의 실행 결과가 본서와 다를 가능성이 있습니다).

그림 5-2-2 DLAMI 선택

다음으로 Instance 유형을 선택합니다. AWS에서는 계정을 만든 후 처음 1년간은 무료로 사용할 수 있는 것이 있으며 EC2에서는 범용 t2.micro(가상 CPU 수 1, 메모리 1GB)가 그 대상입니다. DLAMI에서 GPU가 탑재된 Instance(GPU instance)의 사용 여부는 선택입니다. 그러나 GPU가 탑재되지 않았거나 CPU의 가상 CPU 수나 메모리가 적은 저성능(그만큼 저비용) Instance를 선택했다면 모델을 훈련시키는데 시간이 걸리거나 대상 데이터를 사용할 때에 메모리 부족으로 인해 동작이 정지될 가능성이 있습니다. 따라서 어느 정도 성능에 여유가 있는 Instance 타입을 선택하는 것이 좋습니다. 여기서는 GPU는 탑재되어 있지 않지만 기계학습 전용인 c5.large[6](가상 CPU 수 2, 메모리 4GB)를 사용하도록 합시다.

사용할 Instance 유형을 선택하고 [검토 및 시작] 버튼을 클릭합니다.

---

6 GPU instance를 사용하는 경우에는 비교적 저렴한 p2.xlarge(GPU 수 1, 가상 CPU 수 4, 메모리 61GB)를 추천합니다. 다만 AWS 계정이 초기 상태인 경우에는 사용할 수 있는 GPU Instance 수가 0개로 제한되어 있을 수도 있습니다. 그런 경우라면 https://aws.amazon.com/contact-us/ec2-request에서 GPU 인스턴스를 1개까지 작성할 수 있도록 하는 등 제한을 완화시켜줄 것을 요청할 필요가 있습니다.

그림 5-2-3 Instance 타입 선택

Instance 생성 확인 화면이 나타나면 [시작하기] 버튼을 클릭합니다.

그림 5-2-4 Instance 생성 확인

　다음으로 EC2 Instance 로그인에 사용하는 Key Pair를 선택·생성하는 화면이 표시됩니다. 여기에서는 [새 키 페어 생성]을 선택하고 [키 페어 이름]에 임의의 파일명을 지정합니다(확장자를 지정할 필요는 없습니다). [Key Pair 다운로드] 버튼을 클릭하면 확장자가 pem인 파일이 다운로드됩니다. Key Pair 다운로드가 완료되면 [인스턴스 시작] 버튼을 클릭할 수 있게 됩니다. 버튼을 클릭하여 Instance를 생성합니다.

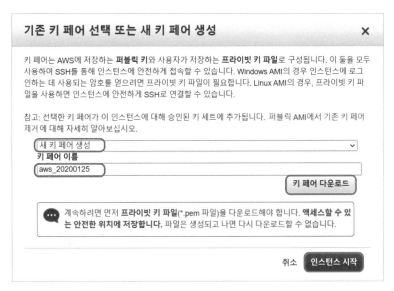

그림 5-2-5 Key Pair의 선택 · 생성

Instance 생성이 완료되면 Instance ID 링크를 클릭하여 EC2 Instance 목록 화면으로 돌아
갑니다.

그림 5-2-6 생성 상태

생성한 Instance 상태가 [실행 중]으로 표시되어 있으면 해당 Instance를 사용할 수 있습니다.
Instance에 로그인할 때 화면 하단에 표시되어 있는 Public DNS 정보가 필요하므로 확인하
여 두기 바랍니다.

그림 5-2-7 Instance 상태와 Public DNS 확인

5.2.2 DLAMI의 Jupyter Notebook 열기

앞에서 작성한 DLAMI의 EC2 Instance는 SSH를 이용하여 Ubuntu 환경에 로그인한 후 다양한 방법으로 사용할 수 있습니다. 가장 일반적인 사용 방법은 Jupyter Notebook을 실행하여 로컬 PC의 웹 브라우저를 이용하여 딥러닝 모델을 만드는 것입니다.

우선 Ubuntu 환경에 로그인하려면 조금 전 확인했던 Public DNS를 사용하여 아래의 명령으로 SSH를 이용하여 로그인합니다. Windows PC에서는 PuTTy나 Tera Term과 같은 SSH 관련 터미널 앱이나 Windows 10 April 2018 Update 이후에 표준으로 도입되고 있는 SSH 명령 프롬프트 또는 PowerShell로 사용할 수 있습니다. 한편, macOS에서는 표준 터미널로부터 SSH 커맨드를 사용할 수 있습니다. SSH 커맨드를 사용하는 경우, 방금 다운로드한 Pair Key(pem 파일)를 이용하여 아래와 같이 로그인합니다.

```
mv ~/Desktop/aws_20200125.pem .  ●··········①
chmod 400 aws_20200125.pem  ●·······②
ssh -i aws_20200125.pem -L 8888:localhost:8888 ubuntu@<Public DNS >  ●··········③
```

우선 ①에서 다운로드한 pem 파일을 적당한 장소로 이동합니다(임의). 다음으로, SSH에서 사용하는 pem 파일은 읽기 전용으로 설정할 필요가 있기 때문에 ②로 권한 속성을 변경합니다. 마지막으로 ③에서 Public DNS를 지정하고 EC2 Instance에 로그인합니다(사용자명은 Deep Learning AMI(Ubuntu) 경우는 ubuntu). 후에 Jupyter Notebook에 액세스하기 위해 EC2 Instance의 8888번 포트를 로컬 PC 8888번 포트로 연결합니다(참고로 pem 파일 보안 상속 제거, administrators 권한을 추가하고 PowerShell을 관리자 권한으로 실행합니다).

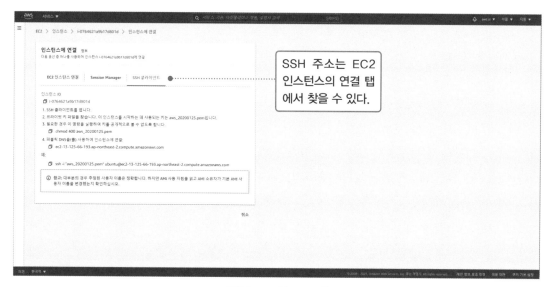

그림 5-2-8 SSH 로그인

덧붙여 처음 로그인하는 경우는 서버(EC2 Instance)의 Fingerprint 확인을 위해 'Are you sure you want to continue connecting (yes/no)?'라는 메시지가 표시되므로 'yes'라고 입력합니다. 로그인에 성공하면 그림 5-2-8-1과 같은 메시지가 표시됩니다.

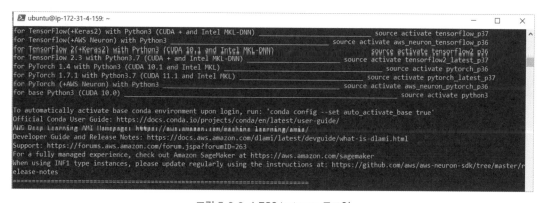

그림 5-2-8-1 EC2 Instance 로그인

로그인 메시지에 이어서 각각의 딥러닝용 라이브러리 사용 시 Python 가상 환경 전환 방법이 화면에 표시되어 있습니다. 예를 들어 TensorFlow와 Keras를 Python 3에서 사용하고 싶다면 'source activate TensorFlow_p37'이라는 명령어를 실행하면 된다는 것을 알 수 있습니다. 단, Jupyter Notebook을 사용할 경우 노트북 생성 시 사용할 가상 환경을 지정할 수 있기 때문에 여기에서 가상 환경으로의 전환은 필요하지 않습니다.

Jupyter Notebook을 사용하려면 로그인한 SSH 환경에서 아래의 명령어를 수행합니다.

```
jupyter notebook
```

Jupyter Notebook이 실행되면 http://localhost:8888?token=...이라는 URL이 표시됩니다. 이 URL에 있는 localhost는 EC2 Instance 자신을 가리키며, 보통 외부에서 접속할 수 없습니다. 그러나 SSH 접속 시에 EC2 Instance의 8888번 포트는 로컬 PC의 8888번 포트와 터널링 되어 있으므로 로컬 PC의 Web 브라우저에서도 동일하게 http://localhost:8888?token=...이라는 URL로 접속할 수 있습니다. 이 URL에 포함된 token 값은 Jupyter Notebook을 시작할 때마다 달라집니다. 따라서 Web 브라우저를 북마크 해도 소용없으며 기동할 때마다 생성된 새로운 값을 복사하여 사용합니다.

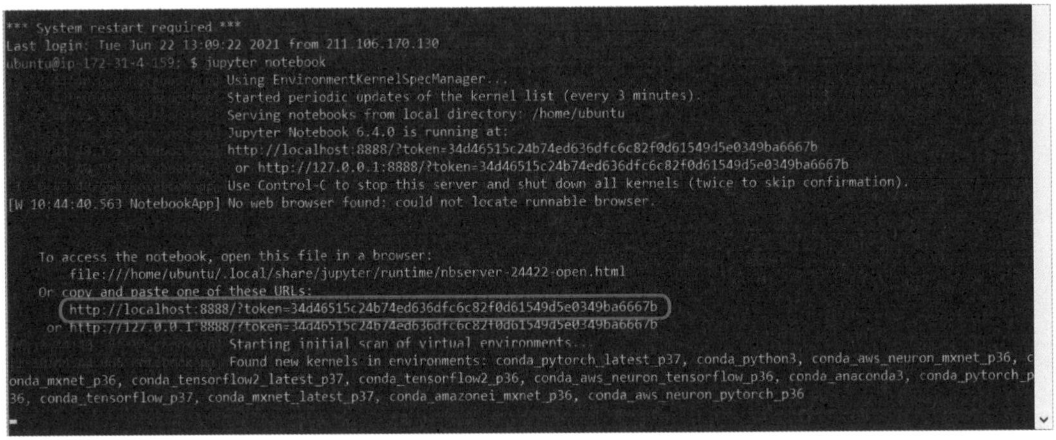

그림 5-2-9 Jupyter Notebook 부팅

로컬 PC의 Web 브라우저(여기서는 Google Chrome)로 복사한 URL을 엽니다. Jupyter Notebook 화면이 나타납니다. 이 화면 우측 상단의 [New] 풀다운 메뉴를 열면 사용 가능한 딥 러닝용 라이브러리의 가상 환경에 대한 일람표가 나타납니다.

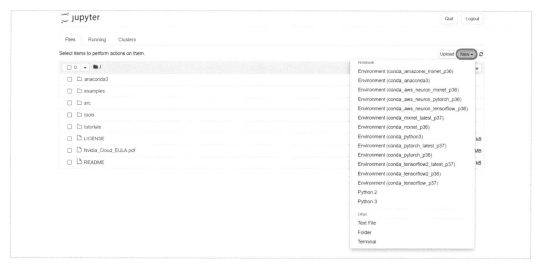

그림 5-2-10 DLAMI의 Jupyter Notebook

5.2.3 TensorFlow와 Keras를 통한 모델 구축

DLAMI에서 구축한 EC2 Instance로 모델을 구축해 봅시다. 여기에서는 TensorFlow와 Keras를 이용하도록 하겠습니다. 앞에서 열었던 Jupyter Notebook 화면에서 신규 노트북을 작성합니다. 화면 우측 상단에 있는 [New] 풀다운 버튼을 클릭하고 [Environment (conda_tensorflow_p37)]을 선택합니다.

그림 5-2-11 노트북 작성

노트북이 열리면 TensorFlow와 Keras를 Import하고 오류가 없는지 확인합니다.

```
import tensorflow as tf
import keras
```

```
In [1]:  import tensorflow as tf
         import keras

         WARNING:tensorflow:From /home/ubuntu/anaconda3/envs/tensorflow_p37/cpu/lib/python3.7/site-packages/tensorflow_core/__init__.py:1473: T
         he name tf.estimator.inputs is deprecated. Please use tf.compat.v1.estimator.inputs instead.

         Using TensorFlow backend.
```

그림 5-2-12 TensorFlow와 Keras Import

여기에서는 CIFAR-10 데이터 셋[7]을 이용하여 딥러닝에 의한 분류 모델을 만들어 보겠습니다. CIFAR-10 데이터 셋에서는 32×32 픽셀의 컬러 이미지가 60,000매 제공되고 있습니다. 이미지는 0:airplane(비행기), 1:automobile(자동차), 2:bird(새), 3:cat(고양이), 4:deer(사슴), 5:dog(개), 6:frog(개구리), 7:horse(말), 8:ship(배), 9:truck(트럭)의 10개 종류 라벨 중에서 어느 하나로 분류됩니다. 먼저 Keras를 이용하여 데이터 셋을 다운로드하고 딥러닝에서 사용하기 위해 데이터 변환을 합니다.

```
from tensorflow.keras.datasets import cifar10
from tensorflow.python.keras.utils import np_utils

# 데이터 셋 다운로드
(X_train, y_train), (X_test, y_test) = cifar10.load_data()

# One-Hot 형식으로 변환
y_train = np_utils.to_categorical(y_train)
y_test = np_utils.to_categorical(y_test)

# 표준화
X_train = X_train.astype('float32')
X_test = X_test.astype('float32')
X_train = X_train / 255
X_test = X_test / 255
```

---

7 Learning Multiple Layers of Features from Tiny Images . Alex Krizhevsky , 2009 .
http://www.cs.toronto.edu/ ～ kriz / learning − features − 2009 − TR . pdf

```
In [3]:  from tensorflow.keras.datasets import cifar10
         from tensorflow.python.keras.utils import np_utils

         # 데이터 세트 다운로드
         (X_train, y_train), (X_test, y_test) = cifar10.load_data()

         # One-Hot 형식으로 변환
         y_train = np_utils.to_categorical(y_train)
         y_test = np_utils.to_categorical(y_test)

         # 표준화
         X_train = X_train.astype('float32')
         X_test = X_test.astype ('float32')
         X_train = X_train / 255
         X_test = X_test / 255

         Downloading data from https://www.cs.toronto.edu/~kriz/cifar-10-python.tar.gz
         170500096/170498071 [==============================] - 20s 0us/step
```

그림 5-2-13 데이터 셋의 다운로드와 변환

다음으로 모델을 구축합니다. 합성곱(convolution)을 2회 실시한 후에 전결합층(Fully connected layer, 다층 신경망 구조에서 은닉층과 출력층에 있는 모든 뉴런이 바로 이전 층의 모든 뉴런과 연결되어 있는 층)을 2개 층만 접속한 간단한 모델입니다(합성곱 및 전결합층에 대해서는 제1장을 참조하세요).

```
from keras.models import Sequential
from keras.layers import Dense, Activation, Flatten
from keras.layers import Conv2D, MaxPooling2D

model = Sequential()

# 첫 번째 합성곱과 풀링
model.add(Conv2D(32, (3, 3), padding='same', input_shape=X_train.shape[1:]))
model.add(Activation('relu'))
model.add(MaxPooling2D(pool_size=(2, 2)))

# 두 번째 합성곱과 풀링
model.add(Conv2D(64, (3, 3)))
model.add(Activation('relu'))
model.add(MaxPooling2D(pool_size=(2, 2)))

# 전결합층
model.add(Flatten())
model.add(Dense(512))
model.add(Activation('relu'))
model.add(Dense(10))
model.add(Activation('softmax'))

model.compile(loss='categorical_crossentropy', optimizer='adam', metrics=
['accuracy'])
```

그럼, 모델을 트레이닝시키겠습니다. 이번에는 epochs를 10으로 했습니다. 모델의 정확도를 높이기 위해서 좀 더 많이 하고 싶었지만, 동작하는 모습을 확인하기에는 이 정도도 충분합니다.

```
model.fit(X_train, y_train, batch_size=32, epochs=10, verbose=1)
```

```
In [*]: model.fit(X_train, y_train, batch_size=32, epochs=10, verbose=1)

WARNING:tensorflow:From /home/ubuntu/anaconda3/envs/tensorflow_p37/cpu/lib/python3.7/site-packages/tensorflow_core/python/ops/math_gra
d.py:1424: where (from tensorflow.python.ops.array_ops) is deprecated and will be removed in a future version.
Instructions for updating:
Use tf.where in 2.0, which has the same broadcast rule as np.where
WARNING:tensorflow:From /home/ubuntu/anaconda3/envs/tensorflow_p37/lib/python3.7/site-packages/keras/backend/tensorflow_backend.py:98
6: The name tf.assign_add is deprecated. Please use tf.compat.v1.assign_add instead.

WARNING:tensorflow:From /home/ubuntu/anaconda3/envs/tensorflow_p37/lib/python3.7/site-packages/keras/backend/tensorflow_backend.py:97
3: The name tf.assign is deprecated. Please use tf.compat.v1.assign instead.

WARNING:tensorflow:From /home/ubuntu/anaconda3/envs/tensorflow_p37/lib/python3.7/site-packages/keras/backend/tensorflow_backend.py:274
1: The name tf.Session is deprecated. Please use tf.compat.v1.Session instead.

Epoch 1/10
WARNING:tensorflow:From /home/ubuntu/anaconda3/envs/tensorflow_p37/lib/python3.7/site-packages/keras/backend/tensorflow_backend.py:17
4: The name tf.get_default_session is deprecated. Please use tf.compat.v1.get_default_session instead.

WARNING:tensorflow:From /home/ubuntu/anaconda3/envs/tensorflow_p37/lib/python3.7/site-packages/keras/backend/tensorflow_backend.py:18
4: The name tf.ConfigProto is deprecated. Please use tf.compat.v1.ConfigProto instead.

WARNING:tensorflow:From /home/ubuntu/anaconda3/envs/tensorflow_p37/lib/python3.7/site-packages/keras/backend/tensorflow_backend.py:19
0: The name tf.global_variables is deprecated. Please use tf.compat.v1.global_variables instead.

WARNING:tensorflow:From /home/ubuntu/anaconda3/envs/tensorflow_p37/lib/python3.7/site-packages/keras/backend/tensorflow_backend.py:19
9: The name tf.is_variable_initialized is deprecated. Please use tf.compat.v1.is_variable_initialized instead.

WARNING:tensorflow:From /home/ubuntu/anaconda3/envs/tensorflow_p37/lib/python3.7/site-packages/keras/backend/tensorflow_backend.py:20
6: The name tf.variables_initializer is deprecated. Please use tf.compat.v1.variables_initializer instead.

10976/50000 [=====>........................] - ETA: 48s - loss: 1.6907 - acc: 0.3924
```

그림 5-2-14-1 트레이닝 실행

```
Epoch 1/10
WARNING:tensorflow:From /home/ubuntu/anaconda3/envs/tensorflow_p37/lib/python3.7/site-packages/keras/backend/tensorflow_backend.py:17
4: The name tf.get_default_session is deprecated. Please use tf.compat.v1.get_default_session instead.

WARNING:tensorflow:From /home/ubuntu/anaconda3/envs/tensorflow_p37/lib/python3.7/site-packages/keras/backend/tensorflow_backend.py:18
4: The name tf.ConfigProto is deprecated. Please use tf.compat.v1.ConfigProto instead.

WARNING:tensorflow:From /home/ubuntu/anaconda3/envs/tensorflow_p37/lib/python3.7/site-packages/keras/backend/tensorflow_backend.py:19
0: The name tf.global_variables is deprecated. Please use tf.compat.v1.global_variables instead.

WARNING:tensorflow:From /home/ubuntu/anaconda3/envs/tensorflow_p37/lib/python3.7/site-packages/keras/backend/tensorflow_backend.py:19
9: The name tf.is_variable_initialized is deprecated. Please use tf.compat.v1.is_variable_initialized instead.

WARNING:tensorflow:From /home/ubuntu/anaconda3/envs/tensorflow_p37/lib/python3.7/site-packages/keras/backend/tensorflow_backend.py:20
6: The name tf.variables_initializer is deprecated. Please use tf.compat.v1.variables_initializer instead.

50000/50000 [==============================] - 55s 1ms/step - loss: 1.3449 - acc: 0.5207
Epoch 2/10
50000/50000 [==============================] - 53s 1ms/step - loss: 0.9666 - acc: 0.6594
Epoch 3/10
50000/50000 [==============================] - 55s 1ms/step - loss: 0.7949 - acc: 0.7204
Epoch 4/10
50000/50000 [==============================] - 54s 1ms/step - loss: 0.6475 - acc: 0.7723
Epoch 5/10
50000/50000 [==============================] - 54s 1ms/step - loss: 0.5122 - acc: 0.8183
Epoch 6/10
50000/50000 [==============================] - 54s 1ms/step - loss: 0.3864 - acc: 0.8652
Epoch 7/10
50000/50000 [==============================] - 55s 1ms/step - loss: 0.2766 - acc: 0.9041
Epoch 8/10
50000/50000 [==============================] - 54s 1ms/step - loss: 0.1946 - acc: 0.9332
Epoch 9/10
50000/50000 [==============================] - 54s 1ms/step - loss: 0.1477 - acc: 0.9482
Epoch 10/10
50000/50000 [==============================] - 55s 1ms/step - loss: 0.1178 - acc: 0.9600
```

그림 5-2-14-2 트레이닝 종료

모델의 트레이닝은 1 epoch당 약 1분 걸리고 10분 정도에 끝났습니다.

아래의 코드를 실행하여 정확도를 표시해 봅시다.

```
loss, accuracy = model.evaluate(X_test, y_test, verbose=0)
print('Accuracy', '{:.2f}'.format(accuracy))
```

```
In [15]: loss, accuracy = model.evaluate(X_test, y_test, verbose=0)
         print('Accuracy', '{:.2f}'.format(accuracy))

         Accuracy 0.71
```

그림 5-2-15 정밀도의 표시

정확도[8]가 0.71로 표시되었습니다. 이것은 71%의 확률로 정답을 맞출 수 있었음을 보여 줍니다. 좀 더 정밀도를 높이고 싶지만, 모델의 네트워크 구조를 바꾸거나 훈련 시 epochs 수를 늘리는 등 시행착오가 필요하기 때문에 여기서는 이대로 진행하겠습니다.

마지막으로 모델을 저장합니다. ls 명령어를 실행하여 제대로 저장되었는지 확인해 보겠습니다.

```
model.save('cifar10-cnn.h5')
!ls -l
```

```
In [17]: model.save('cifar10-cnn.h5')
         !ls -l

         /bin/bash: switchml: line 1: syntax error: unexpected end of file
         /bin/bash: error importing function definition for `switchml'
         /bin/bash: _moduleraw: line 1: syntax error: unexpected end of file
         /bin/bash: error importing function definition for `_moduleraw'
         total 21992
         -rw-rw-r--  1 ubuntu ubuntu    25646 Aug 19  2020 LICENSE
         -rw-rw-r--  1 ubuntu ubuntu  2839191 May 27 04:39 Nvidia_Cloud_EULA.pdf
         -rw-rw-r--  1 ubuntu ubuntu     2708 May 27 09:34 README
         -rw-rw-r--  1 ubuntu ubuntu       72 Jun 23 10:49 Untitled.ipynb
         -rw-rw-r--  1 ubuntu ubuntu     7650 Jun 23 12:59 Untitled1.ipynb
         drwxrwxr-x 27 ubuntu ubuntu     4096 May 27 07:45 anaconda3
         -rw-rw-r--  1 ubuntu ubuntu 19607720 Jun 23 12:59 cifar10-cnn.h5
         drwxrwxr-x 10 ubuntu ubuntu     4096 May 27 07:43 examples
         drwxrwxr-x  4 ubuntu ubuntu     4096 May 27 05:11 src
         drwxrwxr-x  3 ubuntu ubuntu     4096 May 27 04:39 tools
         drwxrwxr-x  5 ubuntu ubuntu     4096 May 27 07:43 tutorials
```

그림 5-2-16 모델의 저장

8 여기서 사용한 정밀도 지표인 Accuracy(정답률)는 예측 결과 전체에 있어서 정답 비율을 나타냅니다.

5.2.4 구축한 모델의 배포(Deploy)

트레이닝이 완료된 모델을 배포합니다. DLAMI에는 TensorFlow Serving이 설치되어 있습니다. TensorFlow Serving을 통해 서버상에 이미 훈련된 모델을 배치하고 클라이언트에서 전송된 데이터를 이용해 추론한 결과를 반환할 수 있습니다. 여기에서는 모델을 만들 때 사용한 EC2 Instance상에서 TensorFlow Serving을 동작시켜 만든 모델을 배포해 봅시다.

바로 전까지의 작업으로 Keras를 이용해 만든 트레이닝 끝난 모델이 EC2 Instance상에 저장되어 있습니다. 이 모델을 아래의 코드를 이용해 TensorFlow Serving에서 배포할 수 있는 SavedModel 형식으로 변환합니다.

```
from tensorflow import keras
from tensorflow.keras.models import load_model
from tensorflow.python.estimator.export import export

keras_model_path = 'cifar10-cnn.h5'
model = load_model(keras_model_path)  ●·········①

estimator = keras.estimator.model_to_estimator(keras_model_path=keras_model_
path, model_dir='./')  ●·········②

feature_spec = {'conv2d_1_input': model.input}  ●·········③
serving_input_fn = export.build_raw_serving_input_receiver_fn(feature_spec)  ●··④

estimator._model_dir = './keras'  ●·········⑤
estimator.export_saved_model('cifar10-cnn', serving_input_fn)  ●·········⑥
```

먼저 ①에서 저장된 keras 모델을 로딩하고 ②에서 Tensorflow의 Estimator로 변환합니다. ③과 ④는 배포 후의 모델을 호출할 때 세팅하는 파라미터 이름과 타입을 지정합니다. ⑤는 ②의 처리로 저장되는 모델의 저장 위치 디렉토리를 지정하고 있습니다(이것은 항상 './keras'입니다). 마지막으로 ⑥에서 SavedModel 형태로 변환해서 저장합니다. 이러한 제1인수가 모델의 저장 위치 디렉토리가 됩니다. 실행 결과는 그림 5-2-17과 같습니다.

```
In [9]:  from tensorflow import keras
         from tensorflow.keras.models import load_model
         from tensorflow.python.estimator.export import export

         keras_model_path = 'cifar10-cnn.h5'
         model = load_model(keras_model_path)

         estimator = keras.estimator.model_to_estimator(keras_model_path=keras_model_path, model_dir='./')

         feature_spec = {'conv2d_1_input': model.input}
         serving_input_fn = export.build_raw_serving_input_receiver_fn(feature_spec)

         estimator._model_dir = './keras'
         estimator.export_saved_model('cifar10-cnn', serving_input_fn)

         INFO:tensorflow:Using default config.
         INFO:tensorflow:Loading models from cifar10-cnn.h5
         WARNING:tensorflow:From /home/ubuntu/anaconda3/envs/tensorflow2_p36/lib/python3.6/site-packages/tensorflow_core/python/ops/resource_var
         iable_ops.py:1635: calling BaseResourceVariable.__init__ (from tensorflow.python.ops.resource_variable_ops) with constraint is deprecat
         ed and will be removed in a future version.
         Instructions for updating:
         If using Keras pass *_constraint arguments to layers.
         INFO:tensorflow:Using config: {'_model_dir': './', '_tf_random_seed': None, '_save_summary_steps': 100, '_save_checkpoints_steps': Non
         e, '_save_checkpoints_secs': 600, '_session_config': allow_soft_placement: true
         graph_options {
           rewrite_options {
             meta_optimizer_iterations: ONE
           }
         }
```

```
         , '_keep_checkpoint_max': 5, '_keep_checkpoint_every_n_hours': 10000, '_log_step_count_steps': 100, '_train_distribute': None, '_device
         _fn': None, '_protocol': None, '_eval_distribute': None, '_experimental_distribute': None, '_experimental_max_worker_delay_secs': None,
         '_session_creation_timeout_secs': 7200, '_service': None, '_cluster_spec': ClusterSpec({}), '_task_type': 'worker', '_task_id': 0, '_gl
         obal_id_in_cluster': 0, '_master': '', '_evaluation_master': '', '_is_chief': True, '_num_ps_replicas': 0, '_num_worker_replicas': 1}
         INFO:tensorflow:Calling model_fn.
         INFO:tensorflow:Done calling model_fn.
         WARNING:tensorflow:From /home/ubuntu/anaconda3/envs/tensorflow2_p36/lib/python3.6/site-packages/tensorflow_core/python/saved_model/sign
         ature_def_utils_impl.py:201: build_tensor_info (from tensorflow.python.saved_model.utils_impl) is deprecated and will be removed in a f
         uture version.
         Instructions for updating:
         This function will only be available through the v1 compatibility library as tf.compat.v1.saved_model.utils.build_tensor_info or tf.com
         pat.v1.saved_model.build_tensor_info.
         INFO:tensorflow:Signatures INCLUDED in export for Classify: None
         INFO:tensorflow:Signatures INCLUDED in export for Regress: None
         INFO:tensorflow:Signatures INCLUDED in export for Predict: ['serving_default']
         INFO:tensorflow:Signatures INCLUDED in export for Train: None
         INFO:tensorflow:Signatures INCLUDED in export for Eval: None
         INFO:tensorflow:Restoring parameters from ./keras/keras_model.ckpt
         INFO:tensorflow:Assets added to graph.
         INFO:tensorflow:No assets to write.
         INFO:tensorflow:SavedModel written to: cifar10-cnn/temp-1625045712/saved_model.pb
Out[9]:  b'cifar10-cnn/1625045712'
```

그림 5-2-17 SavedModel 형식으로 변환

다음으로 TensorFlow Serving 서버를 DLAMI의 EC2 Instance에서 기동합니다. 로컬 PC
에서 하나의 터미널을 더 기동하여 아래의 명령어로 SSH를 이용하여 접속합니다.

```
ssh -i <pem 파일의 패스워드> ubuntu@<Public DNS>
```

EC2 Instance에 로그인하면 아래의 명령어를 실행합니다.

```
tensorflow_model_server --port=9000 --model_name=cifar10-cnn --model_base_path
=/home/ubuntu/cifar10-cnn
```

여기서 실행하는 tensorflow_model_server가 서버를 구동하는 명령어입니다. 여기서는 포트

번호 9000, 모델명(model_name) 'cifar10-cnn', SavedModel 형식의 모델 저장 위치 디렉토리(model_base_path)로써 Pullpath로 '/home/ubuntu/cifar10-cnn'을 지정했습니다.

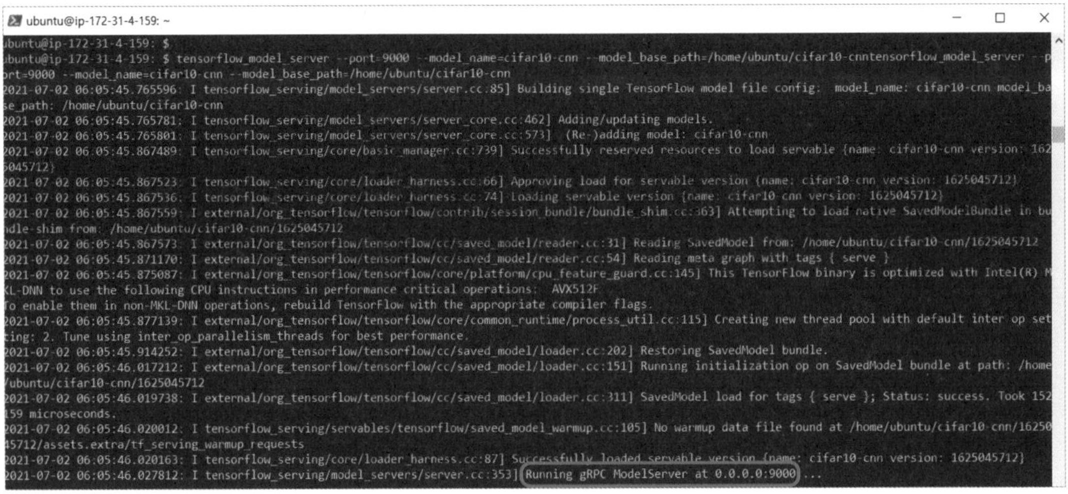

그림 5-2-18 TensorFlow Serving 서버 기동

서버 구동이 성공하면 마지막으로 'Running gRPC ModelServer at 0.0.0.0:9000'와 같은 메시지가 나타납니다. 이로써 배포가 완료되었습니다.

그럼 배포된 CIFAR-10의 훈련이 끝난 모델을 호출하여 추론을 실행해 봅시다. TensorFlow Serving 서버는 9000번 포트에서 대기 상태이지만, EC2 Instance의 9000번 포트[9]는 외부로부터의 접근을 허용하고 있지 않기 때문에 여기에서는 DLAMI에서 기동되어 있는 Jupyter Notebook(방금 전까지 모델의 구축 작업을 실시하고 있던 노트북)을 이용해 호출 처리를 해봅니다.

노트북으로 아래와 같은 코드를 실행합니다.

```python
import grpc ●··········①
import tensorflow as tf
from tensorflow_serving.apis import predict_pb2
from tensorflow_serving.apis import prediction_service_pb2_grpc

channel = grpc.insecure_channel('localhost:9000') ●··········②
stub = prediction_service_pb2_grpc.PredictionServiceStub(channel)
```

---

9 EC2 콘솔에서 외부로부터 9000번 포트로 접근을 허용하도록 보안 그룹을 설정하면 외부로부터의 접속이 가능하게 됩니다.

```
request = predict_pb2.PredictRequest() ●·········③
request.model_spec.name = 'cifar10-cnn' ●·········④
feature = X_test[0].reshape(1, 32, 32, 3) ●·········⑤
request.inputs['conv2d_1_input'].CopyFrom(tf.make_tensor_proto(feature)) ●·········⑥

result = stub.Predict(request, 10.0) ●·········⑦
print(result)
```

TensorFlow Serving에서는 gRPC[10]를 이용해 통신하기 때문에 ①처럼 Import를 실시합니다. 접속 대상 서버 지정은 ②처럼합니다. 여기에서는 위와 같이 Jupyter Notebook이 작동하고 있는 EC2 Instance에서 서버도 기동하고 있으므로, 'localhost'의 9000번 포트를 지정합니다. 서버 요청 시 사용하는 오브젝트를 ③으로 작성합니다. ④는 사용할 모델명 지정입니다. 이는 서버 기동 시 지정한 model_name과 동일한 값을 지정합니다. ⑤는 추론을 실시하는 데이터의 형태를 변경했습니다. 데이터로는 모델 트레이닝 시 테스트 데이터(X_test)의 첫 번째 요소(X_test[0])를 사용합니다. X_test[0]은 (32, 32, 3)의 3차원 리스트지만, 모델은 (?, 32, 32, 3)과 같은 4차원 리스트를 필요로 하기 때문에 reshape를 실시하고 있습니다. 형태가 변경된 데이터는 ⑥에서 요청 오브젝트에 세팅합니다. 마지막으로, ⑦에서 요청을 실행합니다. 제2인수인 '10.0'은 타임 아웃(초) 지정입니다.

실행 결과는 그림 5-2-19와 같습니다.

---

10 gRPC는 Google이 개발한 RPC(Remote Procedure Call) 프로토콜입니다.

```
In [15]:  import grpc
          import tensorflow as tf

          from tensorflow_serving.apis import predict_pb2
          from tensorflow_serving.apis import prediction_service_pb2_grpc

          channel = grpc.insecure_channel('localhost:9000')
          stub = prediction_service_pb2_grpc.PredictionServiceStub(channel)

          request = predict_pb2.PredictRequest()
          request.model_spec.name = 'cifar10-cnn'
          feature = X_test[0].reshape(1,32,32,3)
          # request.inputs['conv2d_1_input'].CopyFrom(tf.contrib.util.make_tensor_proto(feature))
          request.inputs['conv2d_1_input'].CopyFrom(tf.make_tensor_proto(feature))

          result=stub.Predict(request,10.0)
          print(result)

          outputs {
            key: "activation_4"
            value {
              dtype: DT_FLOAT
              tensor_shape {
                dim {
                  size: 1
                }
                dim {
                  size: 10
                }
              }
              float_val: 0.005644236225634813
              float_val: 0.00051441369578242423
              float_val: 0.03989366069436073
              float_val: 0.5727964043617249
              float_val: 0.028795054162471024
              float_val: 0.2979046404361725
              float_val: 0.030611136928200722
              float_val: 0.0082685044035311551
              float_val: 0.013534526340663433
              float_val: 0.002037401776760816
```

그림 5-2-19 TensorFlow Serving을 이용한 추론 실행 결과

표시된 반환 값의 내용을 보면 outputs 안에 float_val 값이 10개 나열되어 있습니다. 이것이 추론(분류)을 실시한 결과입니다. 위에서부터 4번째 값(라벨명은 0부터 시작되므로 라벨은 3)이 가장 큰 값이므로 '고양이 이미지이다'라고 추론된 것[11]입니다.

이 추론이 올바른지 여부는 X_test[0]의 데이터에 대응하는 교사 데이터 y_test[0]을 표시하면 알 수 있습니다.

```
print(y_test[0])
```

```
In [16]:  print(y_test[0])
          [0. 0. 0. 1. 0. 0. 0. 0. 0. 0.]
```

그림 5-2-20 해당 교사 데이터 표시

네 번째 값이 '1'로 되어 있기 때문에 추론대로 고양이가 정답입니다.

---

11 p.232에서 설명한 바와 같이 이미지는 0: airplane(비행기), 1: automobile(자동차), 2: bird(새), 3: cat(고양이), 4: deer(사슴), 5: dog(개), 6: frog(개구리), 7: horse(말), 8: ship(배), 9: truck(트럭)의 10종류 라벨 중 하나로 분류됩니다.

5.2.5 EC2 Instance의 중지 또는 종료

EC2 Instance는 특별히 사용하지 않아도 기동 시간에 따라 요금이 부과됩니다. 따라서 사용하지 않는 Instance는 중지(stopped) 또는 종료(terminated)하여 과금이 발생하지 않는 상태로 둡니다.

Instance 중지 또는 종료는 EC2 대시보드에서 Instance 목록을 표시하여 조작합니다. 먼저 중지 또는 종료하고자 하는 Instance를 선택합니다. 다음은 오른쪽 상단의 [인스턴스 상태] 메뉴를 열고 Instance 상태에서 중지 또는 종료를 클릭합니다.

중지된 Instance는 'Instance 상태'에서 [시작]을 클릭하면 중지 직전 상태로 다시 시작할 수 있습니다. 한편, 종료된 Instance는 다시 시작할 수 없으며 AMI를 지정하여 EC2 Instance를 다시 만들어야 할 필요가 있으므로 주의해 주세요.

그림 5-2-21 Instance의 정지 또는 종료

찾아보기

번역을 하면서

　최근 인공지능 AI는 우리의 실생활에 파고들어 알게 모르게 역할을 수행하고 있습니다. 영국에서는 초등학교 온라인 수업을 AI가 진행하고 있으며, 인터넷 쇼핑몰에 들어가면 왠지 내가 갖고 싶고 구매하고 싶은 상품들이 추천 상품으로 소개되고 있습니다. 게다가, 은행이나 관공서에 온라인으로 질문하면 모두 AI가 적용된 챗봇이 답변하고 있습니다.

　이러한 시대상을 반영하여 최근 AI를 공부하거나 AI와 관련된 자격증 취득을 목적으로 공부를 하는 분들을 주위에서 많이 볼 수 있습니다. 그러나, 공부를 하면서 개념적으로만 이해하게 되어 피상적인 지식을 갖게 되는 경우가 많아, 누군가 AI에 대해서 물어보았을 때 AI 관련 많은 지식들이 뒤죽박죽으로 섞여서 뭐라고 딱히 설명하기 어려운 상황을 맞게 되는 것도 사실입니다.

　이 책을 번역하면서 인공지능 개념과 역사, 선형회귀, 딥러닝 등 대표적인 기계학습 알고리즘, 기계학습을 사용하기 위한 SageMaker, EC2, AMI 등의 구현 경험과 Amazon Recognition, Amazon Comprehend, Amazon Textract, Amazon Translate 등의 서비스를 통한 AI의 구동을 직접 경험할 수 있었습니다. 또한, Jupyter Notebook을 활용한 작업환경을 통해 이미지, 파일 등을 AWS로 업로드/다운로드할 수 있어 그동안 피상적으로 가지고 있던 지식들이 어느 정도 체계화될 수 있었습니다.

　더구나, 아마존의 AWS는 짧은 기간에 빈번하게 업데이트가 발생하고 실생활에 필요한 서비스들이 바로바로 추가되는 등 항상 최신의 서비스를 활용할 수 있었습니다. 반대로 이점이 번역하면서 가장 힘들었던 부분이었으며, 번역 후 검토하는 시점에 벌써 화면이 일부 최신 버전으로 업데이트된 경우도 있을 만큼 시간이 흐를수록 더욱더 최신 버전으로 업데이트될 것으로 생각됩니다. 물론 갱신된 부분에 대한 설명들이 아마존 AWS에서 제공되므로 크게 우려할 사항은 아니지만, 이 책으로 실습을 하고자 하는 경우 가급적 빠르게 진행하는 것을 추천해 드립니다.

　아마존 AWS는 사용한 만큼의 금액을 부과하는 종량제 요금체계를 가지고 있습니다. 따라서 사용한 서비스의 종류와 자원규모 만큼 일정 요금이 부과될 수 있으나, 무료로 제공되는 서비스들을 주로 사용한다면 비교적 저렴한 비용으로 최신의 AI 환경과 서비스를 경험할 수 있습니다.

　옛말에 백문불여일견이라고 백 번 듣는 것보다 한 번 보는 것이 낫다고 했지만, 요즘에는 백견불여일행이어서 백 번 보는 것보다 한 번 해보는 것이 좋다고 합니다.

　피상적인 개념을 얻게 되는 눈으로만 진행되는 학습이 아닌, 실제 환경 구축부터 알고리즘 적용과 학습, 개인화 서비스 등을 직접 실행하며 얻게 되는 학습 경험은 여러분을 AI의 세계로 한 발짝 가깝게 이끌어 주는 소중한 경험이 될 것입니다.

　당장 컴퓨터를 켜고 아마존 AWS의 AI 세계로 한 발짝 들어갑시다.

역자 양성건 배상

AWS로 시작하는 AI 서비스 with 파이썬

1판 1쇄 발행 2021년 11월 5일

저 자   이노우에 켄이치
번 역   양성건
발 행 인   김길수
발 행 처   (주)영진닷컴
주 소   (우)08507 서울특별시 근천구 가산디지털1로 128
         STX-V타워 4층 401호
등 록 2007. 4. 27. 제16-4189호
©2021. (주)영진닷컴
ISBN 978-89-314-6582-2
이 책에 실린 내용의 무단 전재 및 무단 복제를 금합니다.